建筑工程项目
全过程咨询管理及优化

刘铁勇　周　然　唐明礼　主编

吉林科学技术出版社

图书在版编目（CIP）数据

建筑工程项目全过程咨询管理及优化 / 刘铁勇，周
然，唐明礼主编 . -- 长春：吉林科学技术出版社，
2023.10
ISBN 978-7-5744-0911-8

Ⅰ. ①建… Ⅱ. ①刘… ②周… ③唐… Ⅲ. ①建筑工
程—咨询服务 Ⅳ. ① F407.9

中国国家版本馆 CIP 数据核字 (2023) 第 197973 号

建筑工程项目全过程咨询管理及优化

主　　编　刘铁勇　周　然　唐明礼
出 版 人　宛　霞
责任编辑　郝沛龙
封面设计　刘梦杏
制　　版　刘梦杏
幅面尺寸　170mm×240mm
开　　本　16
字　　数　235 千字
印　　张　14
印　　数　1–1500 册
版　　次　2023年10月第1版
印　　次　2024年2月第1次印刷

出　　版　吉林科学技术出版社
发　　行　吉林科学技术出版社
地　　址　长春市福祉大路5788号
邮　　编　130118
发行部电话/传真　0431-81629529 81629530 81629531
　　　　　　　　　　81629532 81629533 81629534
储运部电话　0431-86059116
编辑部电话　0431-81629518
印　　刷　三河市嵩川印刷有限公司

书　　号　ISBN 978-7-5744-0911-8
定　　价　84.00元

编委会

前　言

　　工程咨询市场近年来并没有发生较大的变化，工程咨询正处在时代的转折点，即全过程工程咨询模式的提出和推广。全过程工程咨询是对传统工程咨询服务在模式上、理念上、方式上、流程上的变革与升级。结合信息技术的发展，运用 BIM（建筑信息模型）技术、信息平台、大数据技术、人工智能等，打破专业分割，实现专业融合，提供涵盖工程全过程的集成化、一揽子式的高附加值工程咨询服务，已成为可能。在新旧动能转换的大背景下，全过程工程咨询为工程咨询行业的升级改造提供了方向。

　　建筑工程采用全过程咨询管理能达到准确管理项目内容，使工程沿着决策方向平稳进行。这是目前国际工程项目的一大趋势，更可以说是今后我国工程咨询服务发展的方向。解决目前传统咨询存在的一些问题以及全过程咨询服务产业融合等，研究工程全流程咨询的组织与管理优化等问题已成为现代建筑工程管理发展研究中必不可少的一个板块。今天，全过程工程咨询已成为一个时髦和热门的话题。很多地方政府已经明确要求政府投资项目必须采取全过程工程咨询模式，市面上也很需要一些关于全过程工程咨询的书籍，这正是本书写作的重要出发点。

　　本书参考了大量的相关文献资料，借鉴、引用了诸多专家、学者和教师的研究成果，其主要来源已在参考文献中列出。如有个别遗漏，恳请作者谅解并及时和我们联系。本书写作得到很多专家学者的支持和帮助，在此深表谢意。由于笔者能力有限、时间仓促，虽极力丰富本书内容，力求著作的完美无瑕，历经多次修改，仍难免有不妥与遗漏之处，恳请专家和读者给予批评指正。

目 录

第一章　建筑工程项目全过程咨询基础

第一节　全过程工程咨询的理论基础

一、集成管理理论

（一）集成管理理论基础

集成管理就是指将集成思想应用于项目管理实践，即在管理思想上以集成理论为指导，在管理行为上以集成机制为核心，在管理方法上以集成手段为基础。具体而言，就是要通过科学的创造性思维，从新的角度和层次对待各种资源要素，拓展管理的视野，提高各项管理要素的集成度，以优化和增强管理对象的有序性。集成管理的理论基础是集成理论和系统理论，其技术与方法已不仅仅是一种或几种科学管理方法，也不纯粹是某几种工程技术和手段，而是综合各类方法的、定性与定量分析相结合的综合集成方法体系。

而工程项目的集成管理就是指依据工程项目管理的特点，应用系统论、协同论、信息论和控制论等理论，综合考虑工程项目从决策、勘察设计、招标采购、施工、竣工验收到运营维护的全过程各阶段的衔接关系，质量、工期、成本、安全及环保等各目标要素之间的协同关系以及主管部门、投资人、勘察设计单位、施工单位、监理咨询单位及供应单位等各参与单位之间的动态关系，采用组织、经济及技术等手段，运用项目相关参与人员的知识能力以实现项目利益最大化的一种基于信息技术的高效率项目管理模式。

类似于"集成"的概念，工程项目的集成管理也不是管理要素的简单叠加，而是通过管理要素之间的选择搭配和优化，并按照一定的集成原则和模式进行的构造和组合。工程项目集成管理要求在项目的发起阶段就对项目全生命周期中的多重约束条件进行系统的考虑，明确各项目参与方之间的影响和依赖关系，构建合适的沟通和协调平台，明确和平衡项目各目标之间的关系，全面实现项目的整体目标。

全过程工程咨询集成管理的基本思想是：根据全过程项目特征，将其看作在一定项目环境之中、由多个相互联系又相互作用的要素组成、为达到整体目标而存在的系统工程，使系统各阶段、各要素有效集成为一个整体，解决整体系统的管理问题，对管理方法进行综合优化与控制，达到提高全过程项目管理水平的目的。

(二) 集成管理理论与全过程工程咨询的结合

1. 全过程工程咨询要素集成管理

(1) 全过程工程咨询外部环境

① 具体环境

具体环境包括对全过程工程咨询单位决策和行动产生直接影响，并与实现项目目标直接相关的要素。不同项目面对的具体环境要素是不同的，主要包括投资人、政府部门、参建方和公众、媒体等利益相关者。

② 一般环境

一般环境包括：

A.社会—经济—环境影响的持续性；

B.文化影响；

C.标准和规则。

③ 外部环境对项目的影响

外部环境对项目有重大影响，主要体现在：

A.外部环境决定着对项目的需求，决定着项目的存在价值；

B.外部环境决定着项目技术方案和实施方案及它们的优化；

C.环境是产生风险的根源。

(2) 全过程工程咨询内部环境

① 项目组织及其结构

将全过程项目管理视为一个系统，系统组织包括系统结构模式、分工及工作流程。

② 全过程工程咨询单位

全过程工程咨询单位包括总咨询师和项目组其他成员，是直接负责管理项目的组织。全过程工程咨询单位在总咨询师领导下，以项目总体目标为导向，确保项目全部工作在预算范围内按时、优质完成，满足投资人和政府相关部门的要求。

③ 项目信息

项目中的信息流包括两个最主要的信息交换过程：一是项目与外界的信息交换，包括由外界输入的信息、项目向外界输出的信息；二是项目内部的信息交换，主要包括自上而下的信息流、自下而上的信息流及横向或网络状信息流。

④ 项目文化

全过程项目文化是指项目特有的领导风格、管理方法、工作水平、成员素质、成员信仰、价值观和思想体系，是项目共同的价值观、认同感、行为规范和组织氛围，是项目内部环境的综合表现。

（3）全过程环境要素集成模型

全过程项目环境要素集成是指全过程工程咨询单位以促进项目时间维、逻辑维、知识维的集成为导向，对项目内外环境各要素进行有效管理，并深入分析各要素相互之间的关系和影响，将它们进行有效集成，形成全过程项目的坚实管理基础和保障，最终实现项目总体目标。

2. 全过程工程咨询集成管理模型

（1）全过程项目集成管理框架

① 时间维——过程集成

项目的过程集成，是指通过从决策、勘察设计、招标采购、施工到运营等项目全过程各阶段之间的信息交流，实现项目各参与方的有效沟通与协同合作，实现项目的有机整合与统筹管理，提升建设项目的整体绩效。过程集成致力于寻找建设期和运营期的平衡，不仅从项目实施的角度，还从项目建成后的运营角度进行项目的规划与决策。

② 逻辑维——组织集成

项目组织集成，就是运用系统方法对工程项目组织进行的集成管理，主要实现方式是虚拟组织的建设。虚拟组织模式下的建设工程项目各参与方的集成，就是指利用工程项目外部环境，要求各参与方之间通过协作沟通，实现优势互补，从而使得项目的整体利益最大化，实现各参与方"共赢"的最终目标。

③ 知识维——目标集成

知识运用在建设工程项目管理的各个阶段，且不同阶段所运用的知识各不相同。从项目集成管理的角度来看，知识的运用主要体现出对项目管理所使用的集成化技术，如用于成本、进度和质量等目标要素集成管理的控制技术。因此，从某种意义上讲，"三维结构体系"中的知识维就体现在目标集成控制的技术和方法上。

④ 支撑条件——信息集成

所谓信息集成，就是在项目建设过程中，根据建设项目管理的特点，利用现代信息技术和手段以及统一的项目管理制度，实现建设项目的信息共享，项目各目标的协调和整体优化，以获得最佳项目管理效果。信息集成是实现项目集成管理的最好途径，项目管理组织通过建立信息集成平台，可以充分利用项目信息资源，提高信息资源的利用效率。

(2) 全过程项目集成管理模型

全过程项目中有两种工作过程：一种是为完成项目对象所必需的专业性工作过程，另一种是在这些专业性工作的形成及实施过程中所需的计划、协调、监督、控制等项目管理工作，二者之间存在大量的实物传递和信息传递。上一过程的成果作为下一过程的输入，管理工作过程和专业性工作过程之间存在大量的管理措施运用和效果反馈。项目最终输出也有两种，一种是项目运营输出，另一种是项目各过程后评价总结、提炼出的知识和经验。

集成管理作为项目管理中的新理论，它将项目管理实践提高到了一个新阶段。全过程工程咨询集成管理的基本思想是：根据全过程项目特征，将其看作在一定项目环境中由多个相互联系又相互作用的要素组成，为达到整体目标而存在的系统工程，使系统各阶段、各要素有效集成为一个整体，解决整体系统的管理问题，对管理方法进行综合优化与控制，达到提高全过程项目管理水平的目的。

二、范围经济理论

(一) 范围经济理论概述

结合前人的研究成果，我们可以把范围经济定义为：范围经济是指单个企业联合生产或经营多种产品比相应的多个企业分别生产或经营各种产品更节约成本的经济现象。范围经济是研究经济组织的生产或经营与经济效益关系的一个基本概念，它是以降低成本为宗旨。范围经济的存在本质上是由于企业的多个业务可以共享剩余资源。

具体来看，范围经济产生的原因主要有两个方面。一方面是来自企业的生产过程：① 在生产过程中有些生产要素一旦用于一种产品的生产，那么它们同时也能以较低的成本用于其他产品的生产，这样就能提高生产要素的使用效率，降低产品的生产成本；② 在生产过程中，企业更充分地利用闲置生产能力，这样企业就能以更多的产品分摊固定成本，从而使得单位产品的成本得到了节省；③ 企业进行多产品经营时，通过优化企业的内部管理，以内部市场代替外部市场，企业内各单位之间的产品和服务就能更有效率地交换，从而可以减少交易成本。另一方面，在企业销售过程中的一些因素也能产生范围经济：① 一个企业所销售的产品类型越多，存货周转就越大，对现有人员、设施以及存货所投入的资本使用就密集，单位产品的销售成本就越低；② 如果一个企业所生产的主要产品在消费者心目中有着良好的信誉，那么这一良好信誉对企业的其他产品的销售就会产生出信誉溢出效应，这样不但节约了新产品开拓市场的成本，而且对其他跟进者也设置了巨大障碍；③ 成功的广告所带来的收益不但会大大超出其花费的成本，而且对提高企业的知名度及促进企业其他产品的销售都起着重大的作用。总之，由于特定投入都有最小规模的要求，这种投入在经营一种产品时可能未得到充分利用，但在经营两种或两种以上的产品时就能使这种投入的成本在不同产品中分摊，使单位产品成本降低，从而产生范围经济。

在工程领域，自 20 世纪 80 年代以来，国际工程领域出现了一种趋势，即全过程工程咨询和工程总承包的形式越来越普及并成为主流的建设管理方式，且很多投资人越来越愿意采用全过程工程咨询方式。由于建筑市场中出现了此类需求，一些工程咨询公司的业务范围开始由专业咨询向全过程工程咨询拓展，即开始为投资人提供多方位或一系列的服务。也就是说，在工程咨询业，范围经济即表现为一个咨询商或多个咨询商组成联合体所提供的全过程工程咨询的成本低于多个咨询商分别提供专业咨询的成本。

(二) 范围经济理论与全过程工程咨询的结合

范围经济的存在可以降低企业的生产成本，提高利润，一直以来都备受关注。从近些年的文献来看，范围经济通常存在于企业纵向一体化策略、企业多样化策略、成本互补性商品生产、销售渠道、品牌效应等。对于咨询企业而言，基于纵向一体化或虚拟企业的全过程工程咨询业务扩展尤其值得借鉴。

1. 纵向一体化

纵向一体化是范围经济的一个具体体现形式。所谓纵向一体化，是指沿着某种产品生产链扩展企业的生产经营范围，在企业内部连续完成原料生产、零部件生产和最终产成品生产等各个阶段的生产。企业通过前向兼并或后向兼并可以实现纵向一体化，也可以通过向上游生产阶段或向下游生产阶段扩展逐渐形成纵向一体化体系。

工程咨询业的纵向一体化是指在专业化经济的基础上，大力发展与国际形势接轨的贯穿项目全过程的工程咨询，在传统专业基础上沿着工程产品的生产链（或价值链）向纵向发展，可以通过企业兼并或扩展企业业务范围建立一批具有国际竞争力的提供全过程咨询服务的综合性工程咨询公司。

2. 虚拟企业

随着现代管理理念的不断创新，新型管理模式的出现给产业发展带来了相当大的冲击，而实践证明，一些新兴的管理模式如虚拟企业同样可以实现纵向一体化，获得范围经济效益，甚至可以获得更大的效益，因为它更能体现成本优势，并且已在一些产业中显示了强大的生命力。

虚拟企业是纵向一体化的特殊表现形式。这种纵向一体化并不是通过企业兼并形成的，也没有形成业务流程一体化的实体企业，而是通过现代网络工具或其他方式（包括联合体、战略协议等）建立企业联盟，形成一个能够提供多种产品或咨询服务的虚拟企业，它同样可以达到纵向一体化的效

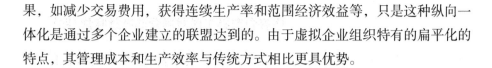

果，如减少交易费用，获得连续生产率和范围经济效益等，只是这种纵向一体化是通过多个企业建立的联盟达到的。由于虚拟企业组织特有的扁平化的特点，其管理成本和生产效率与传统方式相比更具优势。

三、利益相关者理论

（一）基于利益相关者理论的系统观点

系统的观点在利益相关者理论基础上发展起来，提倡用动态发展的眼光更加全面、系统地考察项目的成功。除了考虑项目实施过程中的造价、进度和质量，还考虑项目给投资人和承包商带来的利益外，更要从项目的全过程、全生命周期出发，关注项目决策、实施和运营阶段所涉及的不同利益群体。

随着对项目成功标准研究的动态演化可以分析，人们对项目成功的理解从起初相对单一的"三角"标准逐渐向更加系统化、考虑更多利益相关者、考虑项目全生命周期、全过程方向动态发展，对项目成功的理解也有了更全面的认识。因此，要定义项目的成功不仅仅局限于项目实施阶段，还需要逐步扩展至项目所涉及的众多利益相关者和全过程、全生命周期思想。

（二）基于利益相关者项目的价值分析

关于"价值"的定义，在学术上有不同的论述和争论，如将价值视为一种需求、愿望、兴趣、标准、信念、态度和绩效等，也有提出比如"劳动价值论""生产费用论"、价值工程中"价值＝功能／成本"等。

建筑产品价值的定义，不能单纯从质量、成本和时间三者来考虑。也就是说，建设项目的价值不仅仅是质量、成本和时间的简单综合。建筑产品在规划阶段考虑将价值因素转化为设计因素时一般要考虑多个价值因素，如人文因素、环境因素、文化因素、技术因素、时间因素、经济因素、美学因素和安全因素等。这些因素有些可以量化，有些不能量化，评价的标准也是随着社会经济的发展而发生变化的。因此，建筑产品价值的准确定义比较困难，在定义项目价值的过程中，要考虑到所有利益相关者或关键利益相关者期望的实现程度，根据利益相关者的期望实现程度来衡量价值的大小。对建设项目的核心价值就可以理解为"在公平的前提下，以最优的资源配置有效地实现项目利益相关者的需求"。换句话说，项目的核心价值是项目利益相关者共同协商妥协得到的结果，在这个核心价值的指导下，在实现公平的前提下，项目实现了各种有形资源和无形资源的最优配置。

除了成本之外，全生命周期的价值还考虑了时间、质量、功能、符合性及项目对社会和环境的影响等多种因素。也就是说，全生命周期的价值体现在成本、时间、质量、功能、符合性及项目对于社会和环境的影响等多个方面。

（三）基于利益相关者的价值提升路径

1. 项目策划阶段

项目策划阶段是通过对项目的投资环境和条件调查研究，对各种建设方案、技术方案以及项目建成后的生产经营方案实施的可能性、技术先进性和经济合理性进行分析和评价的过程。在此阶段，工程咨询服务形式主要表现为项目建议书、项目可行性研究等，要求它们对项目投资人的目标进行充分的理解，并采用恰当的方法或工具，如价值管理的基本原理，对项目其他利益相关者（这里主要是指项目的用户）的利益诉求进行充分的考虑，对项目的预期目标是否能够实现、是否合理等问题进行判断，并为设计阶段提供良好的基础。

2. 项目设计阶段

在此阶段，项目投资人的项目目标必须通过设计予以实现，同时，设计质量的优劣还将对项目的运营产生一定影响，如运营维护费用等。不仅如此，项目的功能将通过设计进行充分的展现，这也会直接关系到项目用户使用的便利性。因此，项目设计阶段在项目建设实施的整个阶段中也是极为关键的环节之一。这就要求工程咨询企业在项目设计阶段能够与项目各方利益相关者进行充分的沟通，如与项目投资人就其对项目所要达成的目标进行详细理解、与项目使用方或运营方就项目所要实现的各种具体功能进行沟通。

3. 项目施工阶段

在施工阶段，工程咨询服务形式包括工程监理、项目管理等。此时，投资人项目目标的实现程度在相当大的程度上取决于项目实施团队的产出绩效。通过选择最优的项目实施团队，并在项目实施过程中加以必要的监督，是实现投资人项目目标最为常见的方式。工程咨询企业运用其在项目建设实施过程中积累的知识和经验，协助项目投资人进行承包商、材料供应商的选择工作，并与由承包商、材料供应商等组成的项目实施团队进行沟通与协调，能够有效保证项目管理的成功，获得良好的项目管理绩效。

综上所述，工程咨询服务产品从某种意义上说是实现项目价值提升的重要手段。因此，工程咨询服务产品必须能够涵盖项目建设实施的全过程，即产品的基础形态为基于项目管理各阶段的专业咨询服务，在客观上促进了项目价值的提升。由于项目利益相关者对于提升项目价值的需求实际上是不断增加的，项目价值的提升反过来又在相当大的程度上激励着工程咨询在上述基本形态的基础上，将所提供的咨询服务产品进行拓展，形成更为高端的增值型咨询服务产品。同时，也可对咨询服务产品在项目建议书、工程可行性研究、工程勘察、工程设计、项目管理、项目咨询、招标代理、造价咨询、工程监理等全套工程咨询服务的基础上，就其中的某一个或若干个产品类别为客户提供更深层次的服务，如将工程纠纷的司法鉴定、仲裁、合同纠纷的调解等作为本类别咨询服务产品的高端拓展方向。

第二节　工程咨询概述

一、咨询与工程咨询

咨询多数意指征求意见。一般意义上的"咨询"在中国已有悠久的历史。诸葛亮在《前出师表》中说："愚以为宫中之事，事无大小，悉以咨之，然后施行，必能裨补阙漏，有所广益。"在现代社会，由于科学技术和生产力高度发展，社会分工越来越细，咨询已不是一种普通的社会活动，而是在各个领域发展成为独立的、新兴的咨询行业。现代咨询是以信息为基础，依靠专家的知识和经验，对客户委托的任务进行分析、研究，提出建议、方案和措施，并在需要时协助实施的一种智力密集型服务。

工程咨询是咨询的一个重要分支。根据国家发展和改革委员会颁发的《工程咨询行业管理办法》，工程咨询是遵循独立、公正、科学的原则，综合运用多学科知识、工程实践经验、现代科学和管理方法，在经济社会发展、境内外投资建设项目决策与实施活动中，为投资者和政府部门提供阶段性或全过程咨询和管理的智力服务。根据该定义，工程咨询的范围贯穿工程项目建设的全过程，为项目从前期决策至运营持续提供整体或局部解决方案及管理服务。

由于建设项目具有阶段性的特点，工程咨询也有阶段性，国际上可分为项目前期决策咨询、勘察设计咨询和工程造价咨询等专业咨询服务。与国际工程咨询业不同的是，中国工程咨询还分化出了工程监理和招标代理等。

项目前期决策咨询也称为投资决策咨询，系指对建设项目进行投资机会研究、项目建议书、可行性研究、项目评估和决策等内容，是建设项目立项之前的咨询。国际工程咨询业对项目前期决策咨询非常重视，常常用一年以上甚至更长的时间进行反复论证，以确保项目的成功及建成之后的效益。

根据《建设工程勘察设计管理条例》，工程勘察是指根据建设工程的要求，查明、分析、评价建设场地的地质地理环境特征和岩土工程条件，编制建设工程勘察文件的活动。工程勘察的基本内容是工程测量、水文地质勘察和工程地质勘察。勘察任务在于查明工程项目建设地点的地形地貌、地层土壤岩性、地质构造、水文条件等自然地质条件资料，作出鉴定和综合评价，为建设项目的选址、工程设计和施工提供科学可靠的依据。

根据《建设工程勘察设计管理条例》，工程设计是根据建设工程的要求，对建设工程所需的技术、质量、经济、资源、环境等条件进行综合分析、论证，编制建设工程设计文件的活动。工程设计是项目建设的重要环节，在建设项目的选址和设计任务书已定的情况下，建设项目是否技术上先进和经济上合理，设计将起着决定性作用。

工程设计是可行性研究的深入和继续，其主要目的是解决如何进行建设的具体工程技术和经济问题。根据现行的《建筑工程设计文件编制深度规定》，建筑工程(民用建筑、工业厂房、仓库及其配套工程)一般应分为方案设计、初步设计和施工图设计三个阶段。国际上一般无论工程复杂程度，均将设计工作分为"概念设计""基本设计""详细设计"三个阶段。

根据《建设工程监理规范》，工程监理是指工程监理单位受建设单位委托，根据法律法规、工程建设标准、勘察设计文件及合同，在施工阶段对建设工程质量、进度、造价进行控制，对合同、信息进行管理，对工程建设相关方的关系进行协调，并履行建设工程安全生产管理法定职责的服务活动。

中国的招标代理咨询的主要内容是接受政府、金融机构或企业等方面的委托，以采购人的名义，利用公开招标等方式，为采购人择优选定供应商或承包商。

根据世界贸易组织《服务贸易总协定》，服务可分为贸易性服务和非贸易性服务。贸易性服务主要是指金融、保险等资金密集型服务和通信、咨询等知识密集型服务。工程咨询服务属于贸易性服务中的知识密集型服务。按照中国国民经济行业分类方法，工程咨询业属于社会服务业中的信息、咨询服务业。

二、工程咨询与项目管理

从前述定义来看，建设项目管理通过对项目进行策划、组织、协调和控制等管理手段，实现项目目标。项目管理分为投资人的项目管理、工程咨询单位的项目管理及承包人的项目管理等。而工程咨询是为项目提供整体或局部解决方案及项目管理服务，即从咨询工程师或工程咨询单位的角度，提供项目专业解决方案并进行项目管理。因此，从工程咨询单位的角度看，工程咨询和项目管理可以合二为一，专业解决方案是进行项目管理的基础，项目管理是专业解决方案实现其价值的重要手段。这里所讲的全过程工程咨询是从工程咨询单位的角度，以项目管理为核心，整合各专业咨询服务。

三、中国工程咨询的引入与发展

(一) 工程咨询的萌芽和建立

中华人民共和国成立初期，我国工程建设主要沿用"苏联模式"，建设基本上是建设主管部门直接成立建设管理班子，负责完成"方案研究""建设建议书""技术经济分析"等项目前期的调研、论证、筹划、准备工作，只有少数特殊项目的部分前期工作由专业对口的勘察设计单位来做。这一时期，我国工程咨询业服务体系的雏形初步体现出来。

进入20世纪90年代，我国工程咨询行业正式确立并进入规范化发展时期。国家产业政策明确把工程咨询纳入服务业。随着工程招投标制度和建设工程咨询制度的逐步推行和完善，工程咨询行业得到快速发展，我国工程咨询市场日益扩大和渐趋规范。勘察设计、工程咨询、工程监理、造价咨询、招标代理等各种不同专业的工程咨询机构得到了快速发展。工程咨询产业化、工程咨询单位市场化步伐明显加快，行业规模显著扩大，人员素质不断提高，服务质量和水平稳步提升。总体而言，工程咨询业形成了一定规模，培养了一支较强的人才队伍，为国民经济建设发挥了重要作用。但这一时期的工程咨询行业的市场认可度还不高，其业务主要是针对国家重点项目、政府投资项目和外资投资项目，承接一些政策强制性业务，工程咨询市场还没有实现真正意义上的市场化运作。

(二) 鼓励发展全过程工程咨询

鼓励发展全过程工程咨询：一方面是促进我国工程咨询行业的转型升级，另一方面也是践行工程建设全过程项目管理的理念。作为全过程工程咨询的一个重要组成部分，我国工程造价领域较早地实践"全过程"的服务理念。

《建筑工程施工发包与承包计价管理办法》提出"国家推广工程造价咨询制度，对建筑工程项目实行全过程造价管理"，首次从国家规章层面推行建设项目全过程造价管理。针对工程造价市场清单计价模式和工程定额计价模式的弊端，住房和城乡建设部印发《关于进一步推进工程造价管理改革的指导意见》，在"主要目标"中提出要"完善工程计价活动监管机制，推行工程全过程造价服务"，并在措施中强调"建立健全工程造价全过程管理制度""推行工程全过程造价咨询服务，更加注重工程项目前期和设计的造价确定。充分发挥造价工程师的作用，从工程立项、设计、发包、施工到竣工全过程，实现对造价的动态控制。发挥造价管理机构专业作用，加强对工程计价活动及参与计价活动的工程建设各方主体、从业人员的监督检查，规范计价行为"。

《国务院办公厅关于促进建筑业持续健康发展的意见》中倡导"培育全过程工程咨询。鼓励投资咨询、勘察、设计、监理、招标代理、造价等企业采取联合经营、并购重组等方式发展全过程工程咨询，培育一批具有国际水平的全过程工程咨询企业。制订全过程工程咨询服务技术标准和合同范本。政府投资工程应带头推行全过程工程咨询，鼓励非政府投资工程委托全过程工程咨询服务。在民用建筑项目中，充分发挥建筑师的主导作用，鼓励提供全过程工程咨询服务"，在建筑工程全产业链中首次明确了"全过程工程咨询"这一理念，政府投资工程将带头推行全过程工程咨询，鼓励非政府投资项目和民用建筑项目积极参与。

住房和城乡建设部建筑市场监管司公开发布《关于征求推进全过程工程咨询服务发展的指导意见（征求意见稿）和建设工程咨询服务合同示范文本（征求意见稿）意见的函》提出，进一步完善我国工程建设组织模式，推进全过程工程咨询服务发展，培育具有国际竞争力的工程咨询企业，推动我国工程咨询行业转型升级，提升工程建设质量和效益；借鉴和参照国际通行规则开展全过程工程咨询服务，结合国际大型工程顾问公司的业务特征，培育既熟悉国际规则又能符合国内建筑市场需求的高水平工程咨询服务企业和人才队伍；鼓励有能力的工程咨询企业积极参与国际竞争，推动中国工程咨询行业"走出去"，为实现"一带一路"倡议服务。

全过程工程咨询的出现，不是偶然，是我国工程咨询行业发展的积淀，是市场选择的结果，是向国际惯例接轨的要求，是行业发展的必然趋势。

第三节　项目管理与建设项目管理

一、项目管理的概念

根据美国项目管理协会（PMI）的定义，项目是为创造独特的产品、服务或成果而进行的临时性工作。项目管理是将知识、技能、工具与技术应用于项目活动，以满足项目的要求；项目管理通过合理运用与整合特定项目所需的项目管理过程得以实现；项目管理使组织能够有效且高效地开展项目。

二、项目管理体系

(一) IPMA 体系

IPMA 宗旨是促进全球的项目管理发展。IPMA 很重视项目管理专业人士的培训和认证，其会员通过 IPMA 的认证后颁发 IPMA 等级证书，等级共分为 A、B、C、D 四个级别:A 级 (工程主任级)、B 级 (项目经理级)、C 级 (项目管理工程师级)、D 级 (项目管理技术员级)。

为了指导专业人士通过 IPMA 各级别认证，IPMA 制订了自己的知识体系标准即《国际项目管理专业资质标准》(IPMA Competence Baseline，ICB)，包括 28 个核心要素和 14 个附加要素。

28 个核心要素为：项目和项目管理、项目管理的实施、按项目进行管理、系统方法与综合、项目背景、项目阶段与生命周期、项目开发与评估、项目目标与策略、项目成功与失败的标准、项目启动、项目收尾、项目结构、范围与内容、时间进度、资源、项目费用与融资、技术状态与变化、项目风险、效果度量、项目控制、信息和文档报告、项目组织、团队工作、领导、沟通、冲突与危机、采购与合同、项目质量管理。

14 个附加要素为：项目信息管理、标准与规则、问题解决、谈判与会议、长期组织、业务流程、人力资源开发、组织的学习、变化管理、市场与生产管理、系统管理、安全和健康与环境、法律、财务与会计。

IPMA 认为各国可能有自己的独特文化因素，它指导各会员国制订本国的项目管理专业资质标准 NCB (National Competence Baseline)。NCB 中大约有 20% 的非核心要素可以根据本国文化或未来的发展而被替换，但 NCB 必须反映全球的共识。

(二) PMI 体系

PMI 成立于 20 世纪 60 年代，当时项目管理已经有跨领域解决问题的趋势。20 世纪 70 年代 PMI 在蒙特利尔年会上提出要制定公认的项目管理知识体系，20 世纪 80 年代 PMI 正式发表了《项目管理知识体系指南》(Project Management Body of Knowledge，PMBOK)。在 PMI 最新版体系中，把项目管理划分为静态的十大知识领域：项目整合管理、范围管理、进度管理、成本管理、质量管理、资源管理、沟通管理、风险管理、采购管理、相关方管理。此外，PMBOK 还将项目管理按进程动态分为项目启动过程、计划过程、执行过程、监控过程和收尾过程。

获得 PMI 认证的职业从业者被称为项目管理专业人士（Project Management Professional，PMP），PMI 的资格认证制度既注重项目管理能力的审查，更注重知识的考核。在 PMBOK 知识体系和 PMP 的专业人士基本能力的论述中，都强调着以全过程管理为核心的思想。

三、建设项目管理

(一) 建设项目

在《工程造价术语标准》中，建设项目是指按一个总体规划或设计进行建设的，由一个或若干个互有内在联系的单项工程组成的工程总和。而根据《建设工程项目管理规范》的定义，建设项目是指为完成依法立项的新建、扩建、改建工程而进行的，有起止日期的，达到规定要求的一组相互关联的受控活动，包括策划、勘察、设计、采购、施工、试运行、竣工验收和考核评价等阶段。

一般而言，建设项目是指为了特定目标进行的投资建设活动，具有明确的建设任务；受到多方面条件的限制，具有明确的质量、进度和费用目标；建设成果和建设过程固定在某一地点；建设产品具有整体性等特点。建设项目是一种典型的项目，这里的建设项目也称为工程项目或简称"项目"。

建设项目的生命周期是指从构思工程项目的概念或设想开始，经历决策、勘察设计、招标采购、施工、竣工验收等阶段，然后经历运营使用阶段直到最后拆除的全过程。建设项目的建设程序是指国家有关行政部门或主管单位按投资建设客观规律、项目周期各阶段的内在联系和特点，对工程项目投资建设的步骤、时序和工作深度等提出的管理要求。工程项目建设程序由客观规律性程序和主观调控程序构成。客观规律性程序是指由工程项目投资建设内在联系所决定的先后顺序。例如，先勘察后设计，先设计后施工，先竣工验收后投产运营等。主观调控程序是指政府行政主管部门按其调控政策、规划和职能分工指定的管理程序。例如，政府投资项目先评估后决策、先审批后建设等。这些程序具有行政强制约束作用，项目单位不得绕过或逃避管理程序、违规建设。

这里将工程项目按建设程序分为 6 个主要阶段，即前期决策阶段、勘察设计阶段、招标采购阶段、施工阶段、竣工阶段和运营维护阶段。每一阶段的工作深度，决定着后一阶段的发展，彼此相互联系和相互制约。每一阶段包括若干环节，各阶段之间的各项工作不能颠倒，但可以交叉搭接进行。

建设项目的实质是为了解决社会、经济、文化、生活等问题而建造的，其目标是为了满足人们一定的物质文化需求，是人类对自然的一个改造过程。实施工程项目的根本目的是通过工程项目的建设为社会提供合格的产品和服务，促进人类社会的可持续发展。

(二) 建设项目管理

建设项目管理的含义有多种表述，英国皇家特许建造师学会（CIOB）对其做了如下的定义：自项目开始至项目完成，通过项目策划和项目控制，以使项目的费用目标、进度目标和质量目标得以实现。该定义得到了许多国家和行业组织的认可，在建设项目管理界具有相当的权威。

一般而言，建设项目管理内容涉及建设项目全过程的策划与管理，即包括项目前期决策、勘察设计、招标采购、施工、竣工和运营维护等阶段的策划与管理，其内容包括项目全过程的策划管理、计划统筹、报建报批、勘察管理、设计管理、合同管理、投资管理、招标采购管理、现场实施管理、参建单位管理、验收管理等；也涉及建设项目各个利益相关者的管理，即包括投资人、咨询单位、承包人、运营人、政府和银行等对项目的管理。

四、建设项目管理模式

建设项目管理模式是指项目建设的基本组织模式以及在完成项目过程中各参与方所扮演的角色及其合同关系。由于项目管理模式确定了工程项目管理的总体框架、项目各参与方的职责、义务和风险分担。因此，在很大程度上决定了项目的合同管理方式以及建设速度、工程质量和造价，所以它对项目的成功非常重要。在建设项目管理模式演进的过程中，项目管理逐渐独立出来而形成一门专门的学科，并在服务于工程建设的过程中演化形成了多种模式。

对于投资人而言，项目管理模式选定的恰当与否将直接影响到项目的质量、投产时间和效益；对于工程咨询单位，了解与熟悉各种项目管理模式才可能为委托人做好顾问，协助其做好项目实施过程中的项目管理；对于承包人，了解与熟悉项目管理模式才能在建筑市场处于主动，若项目涉及分包，不少项目管理模式也可用于分包工程。

五、以投资管控为核心的项目管理

(一) 从被动地反映工程设计转变为能动地参与影响设计

随着投资管控服务业务的不断发展，无论是承包人还是投资人等，均意识到仅依靠施工阶段的造价管理是远远不能满足工程造价与成本控制要求的。并且，投资人作为推动建筑行业发展的原动力，更多地希望设计与施工工作能够紧密地结合起来，以项目的决策、设计、招标采购、施工、运营等全生命周期理念为出发点，使得工程造价能够在项目全生命周期发挥最大作用。全生命周期造价管理（LCC）强调信息流向前集成的"早期价值管理"，可建筑性／可施工性则强调实现设计与施工的有效衔接，两者的结合为工程造价更好地参与和影响设计提供了强大的理论基础与明确的发展方向。

(二) 从被动地反映合同管理结果转变为能动地影响合同管理过程

工程施工合同作为规定承发包双方权利与义务的约束性文件，在实践工作中是工程项目进行风险分担的主要载体。在传统的合同管理中，无论是合同的制定双方还是后期的合同执行众多参与者，均将合同管理工作的重点放在对合同产生结果的关注上，即合同的不完备性导致矛盾或纠纷产生后，去化解或弥补合同中的不足。随着项目复杂性与周期性的增强，这种处理方法带来的经济损失与组织破坏往往是巨大的，因此主动地参与并影响合同管理工作是投资管控服务未来重要的发展目标。

（三）从单纯控制投资转变为基于项目价值增值的目标集成化控制

需求是项目产生的重要原因和驱动因素，而在工程项目管理中除了注重项目自身的基本功能实现程度外，还应当结合利益相关者的需求，即通过分析和识别重要利益相关者的关键需求，在造价控制与管理过程中综合提升项目的价值。根据价值管理（VM）理论，应当将单纯控制投资转变为基于项目价值增值的目标集成化控制，即在项目管理过程中，应当在保证功能实现的基础上，综合衡量各影响因素对投资的影响，严格控制成本支出，使得项目价值得以增值。

随着工程造价专业人士数量的不断增加，成本管理与控制工具功能的提升与种类的丰富以及造价咨询服务行业业务的拓宽与延伸，投资管控在项目管理中的重要作用将日益显现。随着全生命周期理论、价值工程理论及合理风险分担理论在工程建设项目中应用领域的扩大与发展，投资控制理论体系将更加完整，应用模型将更具实操性。因此，形成以投资管控为核心的项目管理将是未来工程建设的重要发展方向。

第四节　全过程工程咨询概述

一、全过程工程咨询相关概念

（一）全过程工程咨询

全过程工程咨询是指对项目从前期决策至运营全过程提供组织、管理、经济、技术和法务等各有关方面的工程咨询服务，包括全过程项目管理以及前期决策咨询、规划、勘察、设计、造价咨询、招标代理、监理、运行维护咨询以及 BIM 咨询等专业咨询服务。全过程工程咨询服务可采用多种组织方式，由投资人委托一家单位负责或牵头，为项目前期决策至运营持续提供局部或整体解决方案及管理服务。

(二) 全过程工程咨询单位

全过程工程咨询单位是指建设项目全过程工程咨询服务的提供方。全过程工程咨询单位应具有国家现行法律规定的与工程规模和委托工作内容相适应的工程咨询、规划、勘察、设计、监理、招标代理、造价咨询等一项或多项资质 (或资信)，可以是独立咨询单位或咨询单位组成的联合体。

(三) 全过程工程咨询总咨询师和专业咨询工程师

总咨询师是指全过程工程咨询单位委派并经投资人确认的，应取得工程建设类注册执业资格或具有工程类、工程经济类高级及以上职称，并具有相关能力和经验为建设项目、提供全过程工程咨询的项目总负责人。总咨询师应具有良好的职业道德和执业信用记录，遵纪守法、廉洁奉公、作风正派、责任心强；有承担项目全过程工程咨询任务相适应的专业技术管理、经济和法律等知识体系。

专业咨询工程师是指具备相应资格和能力，并在总咨询师的管理协调下，开展全过程工程咨询服务的相关专业人士。专业咨询工程师主要包括 (但不限于) 注册建筑师、勘察设计注册工程师、注册造价工程师、注册监理工程师、注册建造师、咨询工程师 (投资) 等相关执业人员。

全过程工程咨询是"咨询型代建"，应以全过程项目管理为核心、以项目策划为灵魂、以总咨询师为负责人、以资源整合为抓手，全面集成前期决策咨询、规划咨询、勘察、设计、造价咨询、监理、招标代理、运行维护咨询及 BIM 咨询等专业咨询服务，为建设项目提供全方位、全要素的咨询服务，实现项目增值和项目目标。

二、全过程工程咨询与其他项目管理模式的辨析

从全过程工程咨询上述定义可以看出，全过程工程咨询与代建制、项目管理承包 (PMC)、工程总承包 (EPC)、工程监理等项目管理模式虽有近似之处，但也有一定的差别。

(一) 代建制

《国务院关于投资体制改革的决定》中规定："对非经营性政府投资项目加快推行'代建制'，及通过招标等方式，选择专业化的项目管理单位负责建设实施，严格控制项目投资、质量和工期，竣工验收后移交给使用单位。"代建制是为了实施对于政府投资公益性项目建设的有效管理、建立科学的责权分担机制，而根据法律法规和行政规章的规定通过市场竞争的方式或其他方式从具有相应代建资质的项目管理企业或专业机构中选任合格的代建人，政府作为投资人和业主以代建合同的方式将投资项目实施建设的全过程委托其管理，并支付相应代建费用的项目实施管理方式。

代建制主要强制适用于政府投资项目实施全过程项目管理，而全过程工程咨询可适用于一般项目而由项目投资人自行选用；代建项目单位主要是提供全过程的项目管理服务，一般不提供专业咨询服务；而全过程工程咨询单位既可提供全过程项目管理服务，也可提供各专业解决方案；代建项目单位可直接与建设项目的承包人签订合同，并负有直接监督合同履行的责任，而全过程工程咨询单位不直接与承包人签合同，而是协助投资人与承包人签订合同，并根据投资人的委托监督合同的履行；代建项目单位交付的是建设项目实体，对全部项目管理行为和项目成果承担责任，因而风险较大，而全过程工程咨询单位主要提供的是项目解决方案，就项目管理和专业咨询方案对投资人负责，风险比代建单位要小。

(二) 项目管理承包 (PMC)

PMC 承包商担保投资人对建设项目进行全过程、全方位的项目管理，包括项目的总体规划、项目定义、工程招标，选择设计、采购、施工，并对设计、采购、施工进行全面管理。PMC 是受投资人委托对项目进行全面管理的项目管理承包，一般不直接参与项目的设计、采购、施工和试运行等阶段的具体工作；而全过程工程咨询既对项目进行全过程项目管理，也可直接负责项目的前期决策咨询、勘察设计、招标采购、工程监理、竣工验收等具体工作，并且可提供项目运行维护的咨询服务；PMC 交付的最终成果是建设项目实体，而全过程工程咨询交付的主要成果是项目管理和各专业咨询的专业意见和解决方案，供投资人决策采纳和实施。

(三) 工程总承包 (EPC)

工程总承包 (EPC) 是指从事工程总承包的企业受投资人委托，按照合同约定对建设项目的勘察、设计、采购、施工、试运行 (竣工验收) 等实行全过程或若干阶段的承包。在 EPC 模式下，投资人将包括项目勘察设计、设备采购、土建施工、设备安装、技术服务、技术培训直至整个项目建成投产的全过程均交由独立的 EPC 承包商负责。EPC 承包商将在"固定工期、固定价格及保证性能质量"的基础上完成项目建设工作。工程总承包 (EPC) 不是咨询服务方式，而是承包商责任划分与风险承担的一种模式。在 EPC 模式下，全过程工程咨询单位仍具有自己的投资人顾问及项目管理的角色。EPC 承包人与投资人是合同甲乙方关系，EPC 承包人按合同约定履行乙方责任，承担项目管理和建设工程，向投资人交付项目实体；而全过程工程咨询单位与投资人是委托代理关系，全过程工程咨询单位根据投资人的委托，代行投资人的职责。

(四) 工程监理

工程监理是根据法律法规的规定，建设项目必须由项目投资人委托的具备相应资质的监理单位进行监理的一个工程管理制度。20世纪末制定的《中华人民共和国建筑法》以法律的形式作出规定，国家推行建设工程监理制度。在工程监理中，作为项目建设监督管理专家的注册监理工程师接受投资人的委托，以自身的专业技术知识、管理技术知识和丰富的工作实践经验，有效地对项目建设的质量、进度、投资进行管理和控制，公正地管理合同，使建设项目的总目标得到最优化的实现。工程监理单位主要是对建设项目施工阶段的质量、进度、投资等内容进行监督和控制，履行专职的监督辅助职能，向投资人承担责任的范围仅限于其监理工作的范围；而全过程工程咨询单位对项目提供管理和各专业咨询服务工作，其中涵盖了监理工作的全部内容和责任。

三、全过程工程咨询的原则和特点

(一) 工程咨询的原则

1. 独立

独立是指全过程工程咨询单位应具有独立的法人地位，不受其他方面偏好、意图的干扰，独立自主地执业，对完成的咨询成果独立承担法律责任。全过程工程咨询单位的独立性，是其从事市场中介服务的法律基础，是坚持客观、公正立场的前提条件，是赢得社会信任的重要因素。

2. 科学

科学是指全过程工程咨询的依据、方法和过程应具有科学性。全过程工程咨询要求实事求是，了解并反映客观、真实的情况，据实比选，据理论证，不弄虚作假；要求符合科学的工作程序、咨询标准和行为规范，不违背客观规律；要求体现科学发展观，运用科学的理论、方法、知识和技术，使咨询成果经得住时间和历史的检验。全过程工程咨询科学化的程度，决定全过程工程咨询服务的水准和质量，进而决定咨询成果是否可信、可靠、可用。

3. 公正

公正是指在全过程工程咨询工作中，坚持原则，坚持公正立场。全过程工程咨询的公正性并非无原则地调和或折中，也不是简单地在矛盾的双方保持中立。在投资人、全过程工程咨询单位、承包人三者关系中，全过程工程咨询单位不论是为投资人服务还是为承包人服务，都要替委托方着想，但这并不意味盲从委托方的所有想法和意见。当委托方的想法和意见不正确时，全过程工程咨询单位及其咨询工程师应敢于提出不同意见，或在授权范围内进行协调或裁决，支持意见正确的另一方。特别是对不符合国家法律法规、宏观规划、政策的项目，要敢于提出并坚持不同意见，帮助委托方优化方案，甚至做出否定的咨询结论。这既是对国家、社会和人民负责，也是对委托方负责，因为不符合宏观要求的盲目发展，不可能取得长久的经济和社会效益，最终可能成为委托方的历史包袱。因此，全过程工程咨询是原则性、政策性很强的工作，既要忠实地为委托方服务，又不能完全以委托方满意度作为评价工作好坏的唯一标准。全过程工程咨询单位及总咨询师、专业咨询工程师要恪守职业道德，不应为了自身利益，丧失原则性。

(二) 全过程工程咨询的特点

全过程工程咨询的特点主要表现在以下几个方面：(1) 每一项全过程工程咨询任务都是一次性、单独的任务，只有类似而没有重复。(2) 全过程工程咨询是高度智慧化服务，需要多学科知识、技术、经验、方法和信息的集成及创新。(3) 全过程工程咨询牵涉面广，包括经济、技术、社会、环境、文化等领域，需要协调和处理方方面面的关系，考虑各种复杂多变的因素。(4) 投资项目受相关条件的约束较大，全过程工程咨询结论是充分分析、研究各方面约束条件和风险的结果，可以是肯定的结论，也可以是否定的结论。结论为项目可不可行的评估报告，也可以是质量优秀的咨询报告。(5) 全过程工程咨询成果应具有预测性、前瞻性，其质量优劣除了全过程工程咨询单位自我评价外，还要接受委托方或外部的验收评价，要经受时间和历史的检验。(6) 全过程工程咨询提供智力服务，咨询成果 (产出品) 属非物质产品。

四、全过程工程咨询的目标

(一) 文化为本

近年来，复兴优秀传统文化逐渐得到社会各界的重视。如何策划和设计出一个客体以承载深邃的背景文化，需要更深刻地了解其内在本质，继承传统文化精神的内涵，创造性地运用现代技术与材料，建设具有中国特色、中国元素的建筑。同时，在将本国工程咨询推出国门的过程中，既要尊重当地文化，又要保持中国特色文化，和谐共处，减少冲突。

在推行全过程工程咨询发展中继承与弘扬优秀传统文化，是"坚定文化自信、推动社会主义文化繁荣兴盛"精神的体现，是全过程工程咨询单位不可推卸的责任。

(二) 绿色为先

绿色是指在全过程工程咨询的工作中，需要强调营造绿色生态自然环境和社会环境，打造优质建设项目产品和咨询产品。绿色是全过程工程咨询的前提，起着导向和引领的作用。

绿色生态自然环境是指全过程工程咨询充分应用现代科学技术，在建设项目中：一方面加强环境保护，发展清洁施工生产，不断改善和优化生态环境，使人与自然和谐发展；另一方面，使人口、资源和环境相互协调、相互促进，建造质量优良，经济效益长久，具有较高的社会效益，有利于维护良好的生态环境和少污染的建设项目。绿色生态自然环境是实施工程项目乃至全社会可持续发展的主要保障，其本质特征就是可持续发展。

绿色社会环境是指全过程工程咨询单位的总咨询师具备良好的职业道德，通过个人品格影响利益相关方，协调各方意见，尊重各方差异，促进各方相互理解，减少冲突矛盾，营造和谐融洽、求同存异的工作环境，维护健康向上、正当竞争的社会秩序，坚持客观公正的态度，拒绝低价恶性竞争等不良现象发生。

(三) 集约发展

集约化原是经济领域中的一句术语，本意是指在最充分利用一切资源的基础上，更集中合理地运用现代管理与技术，充分发挥人力资源的积极效应，以提高工作效益和效率的一种形式。

集约发展是将集约思想融入全过程工程咨询中，充分有效地发挥全过程工程咨询的作用，才能真正提高建设项目的质量和效率，使建设资源的运用更加科学、合理、节约。

集约发展是动态的，是一种循序渐进、不断创新的过程。

(四) 价值创新

价值创新是全过程工程咨询的目的，不仅要通过创新有效的咨询建议或方案，优化建设项目，提高建设项目产品的技术竞争力，更要在有限的经济条件下提升建设项目服务能力，为顾客创造更多价值。

综合分析建设项目的消耗、合理平衡建设成本和运营成本是取得建设项目效益的关键。在此基础上实现价值创新,总咨询师对建设项目应做到:一是从经济的实现条件出发,选择恰当的技术设置,有机协调建设的各个要素,提高整体效率;二是根据社会生产力水平、国家经济的发展状况、人民生活的现状等因素,确定建设项目的合理投入和建造所要达到的建设标准,以求在全过程工程咨询服务中做到以最小的投入获取最大的经济和使用效益;三是善于把技术问题与经济指标相结合,通过经济分析、经济比较及效果评价等手段正确认识和处理先进技术与经济合理之间的相互关系。

全过程工程咨询单位只有把控制建设项目成本的概念渗透到决策、设计、招标采购、施工、竣工、运营等阶段中,对经济先进技术的合理性进行全面评估,并在实际经济基础上合理大胆地采用先进技术,才能真正实现全过程工程咨询的创新发展。

第五节 全过程工程咨询的实施

一、全过程工程咨询相关主体关系

(一)建设项目各参与方的关系

目前,国内有关省市陆续推进建设项目全过程工程咨询工作,如山东、广东、江苏、浙江、福建、湖南等省,虽然各地对全过程工程咨询的定义及业务范围表述不一致,但本质是相同的,即全过程工程咨询是指采用多种服务方式组合,为项目决策、实施(设计、发承包、实施、竣工)和运营阶段持续提供投资咨询、勘察、设计、监理、招标代理、造价和运维的解决方案以及管理服务。

(二)总咨询师与专业咨询工程师的关系

这里建议全过程工程咨询实施总咨询师负责制,由总咨询师负责统筹项目可研、设计、招标、施工、竣工验收、运营、拆除全生命周期管理工作,负责确定并管控估算、概算、招标控制价、合同价款、结算和决算。如何培养总咨询师是推进全过程工程咨询的难点和重点，可以借鉴中国香港地区的认可人士制度，从建筑师、造价工程师、监理工程师、结构工程师等相关注册专业人员中培养选拔。

中国香港地区认可人士制度的可借鉴之处在于：这部分通过政府审查合格的"放心人士"是进行建筑市场监管的主要人员，又因为这些人是来自各专业的资深专业人士，自身有可靠的技术功底和丰富的实践经验，可使建筑市场运行建立在行业自律的基础上，政府完全可以利用这只"无形之手"实现彻底的监管和宏观调控。

总咨询师应由全过程工程咨询单位授权，作为项目全过程工程咨询的总负责人，对项目的咨询工作起到统领、协调、组织、审核的作用。对专业咨询工程师有利于集约管理，资源共享；对承包人有利于协调沟通，监督管理；对投资人有利于项目增值，提高效率；对全过程工程咨询单位有利于统筹咨询，打破信息不对称。总咨询师可根据项目全过程工程咨询服务需要，下设各专业咨询的负责人，协助总咨询师协调、管理本专业咨询工程师工作。专业咨询负责人应具有本专业的执业资格。

二、全过程工程咨询服务模式

全过程工程咨询单位可根据投资人的委托，独立承担项目全过程全部专业咨询服务，全面整合项目建设过程中所需的投资咨询、勘察、设计、造价咨询、招标代理、监理、运营维护咨询、BIM 咨询以及全过程工程项目管理等咨询服务业务；也可提供菜单式服务，即"1+N"模式，"1"是指全过程工程项目管理，"N"包括但不限于投资咨询、勘察、设计、造价咨询、招标代理、监理、运营维护咨询、BIM 咨询等专业咨询。

三、全过程工程咨询服务内容

根据国务院办公厅《关于促进建筑业持续健康发展的意见》的文件精神，同时结合《工程咨询行业管理办法》等文件的规定，全过程工程咨询企业可为项目提供全过程工程项目管理以及建设可行性研究、项目实施总体策划、工程规划、工程勘察、工程设计、工程监理、造价咨询、招标代理、BIM 咨询及项目运行维护管理等全方位的全过程工程咨询服务。

全过程工程咨询应以建设项目为载体，将项目各阶段所需要的咨询产品和内容相结合，形成全过程工程咨询概览图。概览图将咨询产品和建设项目有机联系起来，使建设项目全过程工程咨询流程和建设项目的工作流程相呼应，明确了全过程工程咨询产品是为实现优质建设项目产品服务的。

考虑到管理模式的不断创新，概览图明晰了影响项目质量的工作或相关机构的最晚介入时间要求，明确全过程咨询单位、运营人最晚介入的时间和可以介入的时间点；说明了除传统工程发包模式外的其他 EPC、PMC、PMA 等不同模式的最早发包时间和条件，将 PPP 的融资模式提前到决策阶段研究；将建设项目工作流程中的初步设计完成时、开工时、验收移交时和生命结束并拆除时的造价作为投资控制的监控点。将全过程各阶段的过程咨询成果联系起来，解决了现阶段条块分割无法打通的问题，实现了全过程工程咨询目标：(1)决策阶段通过了解研究项目利益相关方的需求，确定优质建设项目的目标，汇集优质建设项目评判标准。通过项目建议书、可行性研究报告、评估报告等形成建设项目的咨询成果，为设计阶段提供基础。(2)设计阶段对决策阶段形成的研究成果进行深化和修正，将项目利益相关方的需求以及优质建设项目目标转化成设计图纸、概预算报告等咨询成果，为发承包阶段选择承包人提供指导方向。(3)招标采购阶段结合决策、设计阶段的咨询成果，通过招标策划、合约规划、招标过程服务等咨询工作，对优质建设项目选择承包人的条件、资质、能力等指标进行策划。形成招标文件、合同条款、工程量清单、招标控制价等咨询成果，为实施阶段顺利开展工程建设提供控制和管理的依据。(4)实施阶段根据发承包阶段形成的合同文件约定进行成本、质量、进度的控制；合同和信息的管理；全面组织协调各参与方；最终完成建设项目实体。在实施过程中，及时整理工程资料，为竣工阶段的验收、移交做准备。(5)竣工阶段通过验收检验是否按照合同约定履约完成，最后将验收合格的建设项目以及相关资料移交给运营人，为运营阶段提供保障。(6)运营阶段对建设项目进行评价，评价其是否是优质建设项目。通过运营使其建设项目体现优质建设项目的价值，实现决策阶段设定的建设目标。最后把运营人的运营需求进行总结，并反馈到下一个项目的决策阶段，使建设项目的前期决策具有更充分的依据。

因此，全过程工程咨询不是传统的碎片化、分阶段的咨询服务，而是由一个具有目标明确的各类专业人员组成的集合体，通过统一规划、分工实施、协调管理、沟通融通，来提供综合性的咨询服务。全过程工程咨询单位能有效提高建设项目质量与进度，从而更好地完成优质建设项目的目标。

四、全过程工程咨询委托方式

投资人应将全过程工程咨询中的前期研究、规划和设计等工程设计类服务，以及项目管理、工程监理、造价咨询等工程项目控制和管理类服务委托给一家工程咨询企业或由多家企业组成的联合体或合作体。

投资人选择全过程工程咨询单位时，可采用"根据质量选择咨询服务"。鼓励全过程工程咨询单位采用最合适的技术、创新的解决办法和最合理或最经济的项目周期费用，为投资人提供最好的咨询服务，即投资人选择全过程工程咨询单位时，要以业务能力、管理能力、可用人力、财力资源、业务独立性、费用结构的合理性、业务公正性和质量保证体系为依据。提倡"优质优价、优质优先"，投资人可在招标文件和工程合同中约定优质优价奖励条款。

投资人可采用直接委托、竞争性谈判、竞争性磋商、邀请招标、公开招标等方式选择全过程工程咨询单位。公开招标是政府投资项目选择全过程工程咨询单位的主要方式，符合相关法律法规规定的，可以采用邀请招标、竞争性谈判等方式选择全过程工程咨询单位。

投资人在项目筹划阶段选择具有相应工程勘察、设计或监理资质的企业开展全过程工程咨询服务，可不再另行委托勘察、设计或监理。同一项目的工程咨询企业不得与工程总承包企业、施工企业具有利益关系。

工程咨询企业应当自行完成自有资质证书许可范围内的业务，在保证整个工程项目完整性的前提下，按照合同约定或经建设单位同意，将约定的部分咨询业务择优转委托给具有相应资质或能力的企业，工程咨询企业应对转委托企业的委托业务承担连带责任。

五、全过程工程咨询组织模式

(一) 全过程工程咨询单位组织模式

全过程工程咨询服务可由一家具有综合能力的工程咨询企业实施，或可由多家具有不同专业特长的工程咨询企业联合实施，也可以根据建设单位的需求，依据全过程工程咨询企业自身的条件和能力，为工程建设全过程中的几个阶段提供不同层面的组织、管理、经济和技术服务。由多家工程咨询企业联合实施全过程工程咨询的，应明确牵头单位，并明确各单位的权利、义务和责任。

(二)全过程工程咨询团队组织模式

全过程工程咨询单位应根据全过程工程咨询合同约定的服务内容、服务期限以及项目特点、规模、技术复杂程度、环境等因素，组建项目全过程工程咨询团队(项目部)。全过程工程咨询单位应书面授权委托项目全过程工程咨询的负责人，即项目的总咨询师，并实行总咨询师负责制。总咨询师可根据项目全过程工程咨询服务需要，下设各专业咨询的负责人，协助总咨询师协调、管理本专业咨询工程师工作。

全过程工程咨询团队(项目部)由总咨询师、专业咨询工程师和行政人员组成，团队(项目部)应根据服务内容配备齐全专业人员，数量应满足建设项目全过程工程咨询的工作需要。总咨询师应根据全过程工程咨询单位的授权范围和内容履行管理职责，对项目全过程工程咨询进行全面的协调和管理，并承担相应责任。

(三)全过程工程咨询质量安全责任模式

根据现行的法律法规和有关政策，全过程工程咨询服务应明确各方主体对项目的质量安全责任。

全过程工程咨询单位承接项目的全过程项目管理以及投资咨询、勘察、设计、造价咨询、招标采购、监理等全部专业咨询服务的，且同时具备相应的勘察、设计、监理等资质，则勘察、设计、监理等专业咨询工作必须由全过程工程咨询单位实施，不得转包或分包，全过程工程咨询单位承担相应的工程质量安全等责任。总咨询师可同时兼任项目的勘察负责人、设计负责人、总监理工程师之一项或多项职务，并承担相应的质量安全等责任。总咨询师不兼任项目的勘察负责人、设计负责人或总监理工程师的，总咨询师应任命具备相应资格的专业咨询工程师担任，由被任命的项目勘察负责人、设计负责人、总监理工程师承担相应的质量安全等直接责任，总监理工程师向总咨询师履行质量安全报告责任，总咨询师承担质量安全等连带管理责任。总咨询师向投资人履行质量安全报告责任。

全过程工程咨询单位承接项目的全过程项目管理以及投资咨询、勘察、设计、招标采购、监理、造价咨询等全部专业咨询服务的，如全过程工程咨询单位自身不具备勘察、设计或监理等资质，可将项目的勘察、设计或监理等专业咨询业务合法依规进行分包，承接项目的勘察、设计或监理专业咨询业务的分包单位可以是一家或多家，分包的勘察、设计或监理单位报总咨询师批准后任命项目的勘察负责人、设计负责人、总监理工程师。勘察、设计或监理的分包单位以及其任命的勘察负责人、设计负责人、总监理工程师向全过程工程咨询单位和总咨询师履行质量安全报告责任，并承担相应的质量安全等直接责任，全过程工程咨询单位和总咨询师承担质量安全等连带管理责任。

当全过程工程咨询单位采用联合经营方式时，应在全过程工程咨询服务合同中，明确一家咨询单位为联营体牵头单位(全过程工程咨询单位)，联合经营单位(协办方)应接受全过程工程咨询单位的管理协调，并对其所提供的专业咨询服务负责。全过程工程咨询单位应向投资人承担项目全过程咨询的主要责任，联合经营单位(协办方)承担附带责任。

全过程工程咨询单位根据投资人的委托承接项目的全过程项目管理等咨询服务的，但投资人将项目的勘察、设计或监理等专业咨询服务另行发包的，承接该项目的勘察、设计或监理等专业咨询服务的单位(可以是一家或多家)任命项目的勘察负责人、设计负责人或总监理工程师，向投资人履行质量安全报告责任，并承担相应的质量安全等直接责任。全过程工程咨询单位不承担投资人另行发包的专业咨询服务的质量安全责任。

六、全过程工程咨询计费方法

(一) 固定费率模式

根据"1+N"的服务模式，全过程工程咨询服务计费可采取"1+N"叠加计费的方法，"1"是指"全过程工程项目管理费"，可参照国家财政部《关于印发〈基本建设项目建设成本管理规定〉的通知》规定的费率执行；"N"是指项目全过程各专业咨询（如投资咨询、勘察、设计、监理、造价咨询、招标代理、运营维护、BIM 咨询等）的服务费，各专业咨询服务费率可参照原收费标准执行。

(二) 基本酬金加奖励模式

委托双方根据全过程工程咨询服务内容和服务周期，协商约定咨询服务的基本酬金；再按照全过程工程咨询单位落实的咨询服务合理化建议所节省的投资额，提取一定比例给予奖励，奖励比例由双方在合同中约定。

(三) 人月费单价法

人月费单价法是目前国际竞争性咨询投标中常用的费用计算方法，它由酬金、可报销费用和不可预见费用三部分组成。专业人士误认为掌握了工具就行，因此忽视了理论素养。但理论是科学层面，是技术与工程的基础，最牛的专业人士看问题要能一下绕到背后揭示其理论本质。如有一个基础设施项目需要融资建设，未来用项目收入偿还。政府可将特许经营权转给 SPV，政府部分持股内部增信，通过 FR 外部增信，SPV 的股权证券化后募集资金，其理论背景是设计信用与交易结构。

第二章　全过程工程造价咨询管理

第一节　工程造价咨询概论

一、工程造价咨询的概念

(一) 咨询的基本概念和本质

咨询是自人类文明产生以来就有的一种智力交流活动，旨在出谋划策，帮助解决疑难问题。咨询是一种行动，它往往要伴随着决策行动，是决策行为的前提和不可或缺的组成部分。咨询与普通的劳务、代理、中间人等服务不同，也不同于一般的学术交流或学术性调查研究活动。所谓咨询，是以某一专门的知识和技术为基础，帮助人们解决各种特定问题的活动。从咨询的概念可以看出，咨询活动的实现，必须具有三个要素。首先是咨询的服务对象或咨询的委托者，这可以是某一个人或某一个组织。咨询的委托者因在某方面缺乏足够的经验和技能时，就会产生向他人请教的需求。其次是咨询的受托者，也可以是某一个人或某一个组织。咨询受托者的最主要特征是应具有专门的知识和技能，具有为他人提供咨询的能力。最后是咨询关系，即咨询委托者与受托者是一种委托与受托关系、被服务与服务关系，是一种有偿的经济利益关系。可见咨询的本质是一种创造性的科学劳动，是一种社会知识的继承、发展、传递和利用的扩大再生产过程，是一种把科学技术转化为直接生产力的过程，也是一种建立在市场机制上的社会化智能服务。因此，可以说，咨询活动是人类文明的产物，是社会分工的必然结果。对于任何一个组织，所面临的日益加剧的市场环境，需要了解各方面信息，需要各方面的咨询服务，但一个组织不可能拥有各个领域的专家和技术人员。这就必须借用外部咨询机构提供智力保障，这种提供的智力保障，虽然组织形式、工作内容各异，但其实质都是针对专门问题进行智能化信息处理和参考服务。

所以，它具有明显的社会性、独立性、系统性和科学性等特点和属性。

(二) 工程造价咨询原理

工程造价咨询就是工程造价咨询企业根据委托人的现实"症状"，即工程造价问题，运用工程造价及管理的原理、方法等进行分析，制定工程造价咨询方案，配置工程造价技术人员进行咨询业务操作，然后，开出"处方"，即工程造价咨询成果文件。

二、工程造价咨询的性质

(一) 独立性

在工程造价咨询工作中，为适应并满足建设领域的各方利益主体的需求，工程造价咨询活动必须具有客观独立性。为了保证自己的客观独立性，工程造价咨询应该按照委托方的要求，客观公正地处理工程造价事宜，不受外界干扰或干预，提供符合实际的工程造价成果文件。保持独立性是工程造价咨询工作与一般工程造价管理工作不同的一个基本区别，也是工程造价咨询行业的生命力所在。工程造价咨询工作是根据用户的要求为用户的利益服务，但不能要求工程造价咨询人员判断和处理工程造价问题以用户的主观意志为转移。工程造价咨询人员在工程造价咨询活动过程中必须排除干扰，保持高度的独立性，以公正的视角，确保工程造价结果的客观性和正确性。为免受行政指令和决策者的意志干扰，工程造价咨询机构应是相对独立存在的经济实体，不得与建筑施工企业、材料生产企业、经销商、设计机构、业主等存在经营上、资本上等方面的经济关系，也不隶属任何政府和工程造价管理部门，而是独立存在的一支专业化的社会力量。否则，就失去了工程造价咨询活动本身的意义。

(二) 综合性

1. 在机构层次上

工程造价咨询机构必须拥有各种工程造价专业及其相关专业的技术人员，既要有各类工程造价专业的技术人员，又要有信息、法律等专业的技术人员。这是因为，工程造价咨询问题的综合性，绝非某个专业的技术人员所能解决，往往需要多个不同专业技术人员的配合，融合多种思维方式，为各类建设的不同利益主体的工程造价事宜开展咨询活动。只有这样，工程造价咨询机构才能在工程造价咨询市场激烈的竞争中求得生存和发展。

2. 在工程造价咨询人员层次上

要求每一个工程造价咨询人员既有精通某个专业的技术，又有宽泛的知识面。唯有如此，才能对用户委托的工程造价咨询问题进行多方面的诊断，提出比较切合实际的工程造价成果文件。

(三) 智力性

工程造价咨询为建设领域的委托人提供的是解决工程造价问题及其其他的业务，是一项提供与实际工程造价问题有关的专业知识和技术的服务性工作，也是一种智能专业化的服务。工程造价成果文件是一种技术形态的产品，具有效用性。一方面，工程造价成果文件本身凝结着智力劳动所提供的实用性服务，是某些特定的专业知识物化的过程，是针对工程造价问题而进行的创造性智力劳动，是有价值的；另一方面，工程造价成果文件对于解决用户的实际工程造价咨询问题，能产生看得见的直接效果。

(四) 公益性

工程造价咨询的目的是为建设领域的委托人解决需要排解的各种工程造价疑难问题。它有利于合理确定和有效控制工程造价，提高基本建设投资效益，促进社会经济的协调发展，从这个意义上说，工程造价咨询工作具有公益性的一面。

(五) 经营性

工程造价咨询机构在社会上通常是一个独立的实体，这样才能有助于保证其所提供的服务的质量和内容的公正性，作为建设领域的一种实践活动，与其他行业一样有自己的投入和产出。工程造价咨询工作作为工程造价咨询机构的经营业务，大多数是通过收取咨询费用的方式来经营和发展自己的。因此，工程造价咨询过程通常以获取一定经济效益为目的，工程造价咨询人员个人的利益也融于这个经济效益中。工程造价咨询市场出现以来，工程造价咨询行业的经营性趋向十分明显，各工程造价咨询机构都应树立强烈的经营性意识，并讲求效率与效益，以促进工程造价咨询行业的发展。

三、工程造价咨询的任务

(一) 完成各种工程造价问题的委托

工程造价咨询主要是根据委托人委托的各种工程造价疑难问题，帮助他们计算、分析和处理这些难以解决的问题，为委托人提供满意的各种工程造价成果文件的解决服务。委托人是工程造价咨询活动的出发点和归宿，工程造价咨询企业根据委托人的特定需要制订工程造价咨询项目计划，配备相应的工程造价咨询专业人员，收集、整理开展工程造价咨询工作所必需的一些工程造价信息，并利用工程造价咨询专业人员的有关专业知识和技术，客观公正地处理工程造价相关问题，编制出符合要求的工程造价咨询成果文件，完成委托人委托的工程造价事宜的各项咨询问题。

(二) 工程造价的合理确定和有效控制

工程造价管理涉及工程项目的全过程，涉及与工程建设有关的各要素，涉及业主方、设计方、施工方、供货方、建设项目承包方、咨询方等单位之间的关系。在工程项目实施的过程中，工程造价管理又是一项不确定性的工作，会出现许多不可预见的问题，需要对其进行系统的计划与控制。在工程造价咨询执业的过程中，必须通过工程造价的合理确定和有效控制的正确实施达到不断提高工程造价管理水平的目的，维护国家、社会公共利益。维护国家和社会公共利益，不仅需要依靠政府行使其管理和监督职权，而且更需要工程造价咨询专业人员依法执行业务，向有关各方提供良好的服务。工程造价咨询专业人员通过独立执行业务，可以不受非法或行政干预，使工程造价咨询专业人员充分履行自己的职责，为委托方的工程造价把好关，有效地发挥为社会提供工程造价咨询帮助的作用。

在上述任务中，第一项是委托人急望见效的，其效果往往是看得见的，容易引起委托人的兴趣和满足。但实际上，后一项任务恰恰是工程造价咨询最根本的任务，也是工程造价咨询的重点。因此，工程造价咨询专业人员应在后一项任务上下功夫。首先，工程造价咨询企业受委托人的委托，为委托方提供工程造价成果文件，在具体执行业务时，必须始终牢记的一个宗旨是对工程造价进行合理确定和有效控制，通过合理确定和有效控制工程造价达到不断提高建设工程造价管理水平的目的，这是工程造价咨询专业人员执业中的具体任务。其次，通过工程造价咨询专业人员在执业中提供的工程造价成果文件，达到维护国家和社会公共利益，这就是工程造价咨询专业人员执行具体任务的根本目的。《工程造价咨询企业管理办法》规定的提高工程造价咨询工作质量，维护建设市场秩序和社会公共利益这一任务，体现了两个方面的一致性。一是执行具体任务与执行任务的根本目的的一致性。工程造价咨询专业人员向委托方提供工程造价成果文件，应服从于工程造价咨询专业人员执行任务的根本目的，任何有损于工程造价的合理确定和有效控制的正确实施，有损于国家、社会公共利益的不正确计价行为的活动，都是与工程造价咨询专业人员的任务不符合的。如果发生上述违反这一规定的行为，工程造价咨询专业人员要承担相应的法律责任。二是保证工程造价的合理确定和有效控制的正确实施与维护国家、社会公共利益的一致性。一方面，工程造价咨询专业人员不管接受来自任何方面的指令，在执行具体任务时必须首先站在科学、公正的立场上，通过所提供的准确的工程造价成果文件，来维护国家、社会公共利益和当事人的合法权益，不能不讲职业道德、受利益驱动、片面迎合委托方的意愿，高估冒算或压价，甚至用不正当的手段谋求利益。另一方面，工程造价咨询专业人员必须通过维护国家、社会公共利益和当事人双方的合法权益，来维护工程造价成果文件的顺利实施，而不能盲目地听从长官意志，使来自行政的干预或其他干预损害当事人的合法权益。

但是，工程造价咨询的任务会因工程造价咨询问题的性质和背景的不同，侧重点也各不相同。工程造价咨询企业必须针对委托人的不同特点和存在的不同工程造价疑难问题，提供具体的工程造价咨询服务。

四、不同类别的工程造价咨询的应用

(一) 全过程工程造价咨询和阶段性工程造价咨询

全过程工程造价咨询是指对工程项目的投资决策阶段、设计阶段、交易阶段及施工、竣工阶段、后评价阶段的工程造价事宜所进行的全面的咨询活动。全过程造价咨询是一项过程性、系统性、知识性和操作性很强的工作，关键是建立一个合理的投资控制目标，此目标应该按照具体作业活动和具体作业活动过程去确定。全过程工程造价咨询，首先将一个工程项目看成一个完整的项目活动过程：一方面，要通过过程分析找出构成一个过程的全部活动；另一方面，要通过活动分析确定这些活动的有效性。其次是基于活动的工程造价确定和基于过程的工程造价控制。这个过程或活动是工程造价咨询企业接受委托人全部委托，在各个阶段的工程造价管理工作的进程中，主要是通过具体的分析，确定基于活动工程造价的合理性和控制基于过程的工程造价的有效性，陆续将工程造价咨询成果文件提交给委托人。工程造价咨询企业在某种意义上不仅作为被委托人开展工作，而且代理了委托人的部分职责。

阶段性工程造价咨询是指对工程项目的某个阶段或某项具体工作的工程造价事宜所进行的咨询活动。委托人在一个工程项目的实施过程中，有时只是将某个阶段或部分具体工作委托给工程造价咨询企业。比如，比较常见项目有投资估算、设计概算、招标代理、施工图预算及竣工结算等，多以单独的合同形式出现。阶段性工程造价咨询主要根据委托人的意思表达和实际情况、工程项目的规模和技术专业的复杂性和资金来源渠道等各种因素，决定工程项目各阶段对工程造价咨询企业的依赖程度。

(二) 专题工程造价咨询

专题工程造价咨询是针对委托人所提出的特定工程造价具体问题，组织工程造价咨询人员与委托人共同商定工程造价咨询的专题，进行专项咨询处理，然后提供专题工程造价成果文件，如工程造价信息、工程造价相关法律、工程造价合同纠纷、工程造价司法鉴定等方面的咨询。一般来说，短期咨询和一次性咨询采用专题咨询较多，工程造价纠纷处理及其争议解决处理的较多采用专题咨询，同时咨询费用的多少也是选择咨询类型的根据。

（三）按服务对象的工程造价咨询

1. 业主的工程造价咨询

业主的工程造价咨询是工程造价咨询企业针对业主所提出的工程造价事宜的委托，为其提供工程造价咨询服务。这里所称的业主，既可以是单位，也可以是个人；既可以是政府、企业单位，也可以是其他出资者等。为业主提供的工程造价咨询成果文件是目前工程造价咨询企业承担工程造价咨询服务最基本、最广泛的形式之一。工程造价咨询企业的基本职能是提供工程项目所需要的工程造价管理技术咨询服务，或者代表业主对工程项目活动过程的质量、进度、造价等方面工作进行监督和管理，同时也可以为业主提供索赔、赔偿的咨询意见和对策的投资监理方案措施。业主的工程造价咨询范围既可以是实施进行全过程咨询，也可以是对建设项目的阶段性进行咨询。

2. 施工企业的工程造价咨询

施工企业的工程造价咨询主要是针对施工企业所提出的工程造价事宜的委托，为之提供工程造价咨询服务。工程造价咨询企业直接服务对象是施工企业，可以为施工企业编制概预算、投标报价、工程结算，也可参与编制技术标书，如施工组织设计、网络计划、工期控制等。在施工阶段可代理施工企业编制成本费用计划、制定工程项目的成本分析与控制计划、工程进度款的编制以及工程变更价款和施工索赔费用的计算等。

3. 政府的工程造价咨询

工程造价咨询企业接受政府及其部门的委托，为各级政府及其部门的投资项目提供工程造价咨询服务。这类工程造价咨询服务一般是决策性质的，包括建设项目的经济评价、工程项目绩效评价、工程项目后评价等，也可以在工程项目的不同阶段，特别是后评价阶段，从宏观上研究政府的地区或行业的投资目标、投资规模、规模布局等经济性问题。

(四) 营利性与非营利性的工程造价咨询

1. 营利性工程造价咨询

营利性工程造价咨询是指以营利为经营目的的工程造价咨询企业，为解决委托人的有关工程造价事宜而提供有偿服务。目前，大部分的工程造价咨询企业都属于这种类型，涉及工程造价全过程的应用，提供工程造价合同纠纷处理、工程造价司法鉴定等方面的咨询服务。

2. 非营利性工程造价咨询

非营利性工程造价咨询是指不以营利为目的，主要从事建设领域公益性服务，其营业所得主要用于自身的发展事业，而不图他用。非营利性工程造价咨询机构一般是政府的附属机构，专门为政府部门服务，或者在政府部门的允许下为特定的建设项目服务。比如，近几年出现的财政审核中心等。

(五) 按涉及或侧重的领域的工程造价咨询

1. 建筑工程造价咨询

建筑工程造价咨询是指针对建筑工程领域内有关工程造价事宜独立地为委托方所提供的工程造价咨询服务。所谓建筑工程，指通过对各类房屋建筑及其附属设施的建造和与其配套的线路、管道、设备的安装活动所形成的工程实体。工程造价咨询企业根据建筑工程的特点，按照建筑工程造价的专业知识、技术和经验提供专业的咨询服务，最终为委托方提供工程造价咨询成果文件。其应用范围涉及各类房屋建筑及其附属设施的建造和与其配套的线路、管道、设备的安装等工程造价问题的咨询。目前，大部分的工程造价咨询企业都侧重这类工程造价咨询服务。

2. 装饰装修工程造价咨询

装饰装修工程造价咨询是指针对装饰装修工程领域内有关工程造价事宜独立地为委托方所提供的工程造价咨询服务。这里所指的装饰装修工程是指建筑装饰装修工程。所谓建筑装饰装修，是指为使建筑物或构筑物内、外空间达到一定的环境质量要求，使用装饰装修材料，对建筑物、构筑物外表和内部进行修饰处理的工程建筑活动。由于装饰装修是技术与艺术的综合体，既需要依循与绘画等艺术相同的美学原理，又需要依靠一定的技术手段来实现。因此，工程造价咨询企业在承接装饰装修工程造价咨询业务时，应当根据装饰装修工程的特点，按照委托的有关工程造价事宜，开展工程造价咨询服务，为委托方提供工程造价咨询成果文件。其应用范围包括低档装修、中档装修和高档艺术装饰等几种工程造价问题的咨询。

3. 市政工程造价咨询

市政工程造价咨询是指针对市政工程领域内有关工程造价事宜独立地为委托方所提供的工程造价咨询服务。市政工程一般是属于国家的基础建设。所谓市政工程，是指城市建设中的道路、桥梁、给水、排水、燃气、城市防洪、环境卫生及照明等基础设施建设。工程造价咨询企业根据市政工程的特点，按照委托方委托的市政工程造价专业问题，运用市政的工程造价专业知识、技术和经验提供一种专业的咨询服务，最终为委托方提供工程造价咨询成果文件，其应用范围涉及道路、桥梁、给水、排水、燃气、城市防洪、环境卫生及照明等工程造价问题的咨询。

4. 园林绿化工程造价咨询

园林绿化工程造价咨询是指针对园林绿化工程领域内有关工程造价事宜独立地为委托方所提供的工程造价咨询服务。园林绿化工程属于建设工程，又叫绿化种植工程。园林绿化工程属于工程与艺术相结合的范畴，每项单位工程各具特色、风格各异、工艺要求不相同，项目零星，地点分散，工程量小，工作面大，受气候影响较大。因此，园林绿化工程造价计算变化较大，比较复杂，造成了准确编制园林绿化工程造价的难度。工程造价咨询企业在接受委托方委托时所开展的工程造价咨询活动，在实施的过程中必须根据园林绿化的专业知识和技术提供工程造价咨询成果文件。其应用范围涉及绿化工程和园林景观工程等工程造价问题的咨询，工程造价咨询人员根据园林绿化行业的特点，运用他们掌握的园林绿化工程造价所需的咨询知识、技能和经验，有针对性地进行专业问题的咨询活动。

第二节　工程造价咨询业务的基础依据

一、开展工程造价咨询业务的计价依据

(一) 工程造价计价依据的概念

由于工程造价的构成复杂、影响因素多，且计价的方法也多种多样，工程造价咨询企业在进行工程造价咨询业务活动时，要想准确、科学地计价，必须有各种计价的依据。研究和确定工程造价的计价依据，是工程造价咨询服务的前提与基础。工程造价的计价依据是用于计算工程造价的各类基础资料的总称。也就是说，工程造价计价依据是指为适应工程建设各个阶段确定和控制工程造价的需要，对工程建设消耗的人力、物力和财力所规定的标准或衡量尺度的信息。工程造价的计价依据必须满足准确可靠、符合实际、可信度高、有权威性、数据化表达、便于计算、定性描述清晰、便于正确利用等要求。

(二) 工程造价计价依据的种类

1. 计价定额

计价定额是指在一定的技术和管理水平下，完成指定的单位产品在人力、物力和财力消耗方面所需要的数量标准。在我国，工程造价计价定额具有公正性、权威性，属于推荐性指标。这是计算确定工程造价的重要依据，经法定标准程序，也可使它具有规定范围内法定性。其中主要包括估算指标、概算定额、预算定额和施工定额。如果从专业性质来讲，可分为建筑工程定额、安装工程定额、市政工程定额、水电、水工、铁路、公路工程定额等。计价定额体系对发包人来说是了解工程投资的依据，对承包人来说是报价的参考。对于一个具体工程，计价定额的作用是由发、承包人双方决定的，若他们选择以计价定额为依据确定工程造价并且在合同约定，则计价定额体系便具有法令性。

2. 工程造价取费定额

工程造价取费定额一般以某个 (或多个) 自变量为计算基础，反映专项

费用（应变量）社会必要劳动量的百分率或一种标准。它与工程造价计价定额具有同样特性和属性，是定额的一种特殊形式。比较常见的有其他直接费、现场经费、间接费、按工程类别计取的利润率等。

3. 工期定额

工期定额是为各类工程规定的施工期限的定额天数。它主要包括建设工期定额和施工工期定额两个层次。建设工期是指建设项目和独立的单项工程在建设过程中所耗用的时间总量。一般以月数或天数表示。它是指从开工建设起，到全部建成投产并交付使用止所经历的时间。但不包括由于计划调整而停缓建所延误的时间。施工工期一般是指单项工程或单位工程从开工到完工所经历的时间。施工工期是建设工期中的一部分，如单位工程施工工期是指从正式开工起至完成全部设计内容并达到国家验收标准的全部有效天数。

4. 基础单价

基础单价是指工程建设中所消耗的劳动力、材料、机械台班及设备工器具等单位价格的总称。它主要包括劳动力的单位价格，即工资与材料的价格、机械台班使用价格及设备费单价等。

5. 工程造价指数与价格指数

工程造价指数是说明不同时期工程造价的相对变化趋势和程度的指标。它是研究工程造价动态的一种重要工具，说明了报告期工程造价比基期工程造价上升或下降的百分比，是工程造价动态结算的重要依据。由于工程造价构成要素的价格变动各有自己的特点，工程造价指数一般应按各个主要构成要素分别编制价格指数，然后经汇总得到工程造价指数。价格指数是反映物价变化的方向、趋势、幅度及其规律性，是一种指标。根据工程建设的特点，目前我国各个专业的工程造价管理部门有的采用价格指数发布的办法，对工程造价进行动态管理。

6. 工程造价指标

工程造价指标反映特定的单项工程或建设项目所需人力、物力、财力的综合的一般需求量。它具有较大的概括性、宽裕度和误差范围，属参考性经济指标，其中主要包括概算指标、投资估算指标、万元指标等。由于建设项目建议书、可行性研究报告的编制深度不同，为了使用方便，估算指标应结合专业特点,按其综合程度的不同适当分类。一般工业项目可分为建设项目指标、单项工程指标和单位工程指标。目前,各个专业部均颁发了各自适用于不同规模的专业性投资估算指标,如公路、化工、纺织、铁路、机械、水电等。

7. 工程造价的经济法规政策

工程造价文件、合同文件以及造价管理部门的文件刊物,与建筑安装工程造价相关的国家规定的建筑安装工程营业税、城市建设税率、教育费附加费率,与进口设备价格相关的设备进口关税、增值税率,与其他基建费中土地补偿费相关的国家对征用闲置耗地所规定的各项补偿费标准等。

工程造价计价依据,是工程造价信息的重要组成部分,工程建设的各个阶段,各项职能管理都离不开工程造价计价依据。它是计算确定工程造价和投资决策的重要依据,是政府对工程建设进行宏观调控的依据。在市场经济条件下,工程造价计价依据不仅是建设工程计价的客观要求,而且是规范建筑市场管理的客观需要。实践中,工程造价计价依据已被广大工程造价人员所熟悉,但任何工程造价的确定,都有一个如何计算出总工程造价的计费程序问题,这个计费程序是建设工程计价原则的重要组成部分,在开展工程造价咨询业务时,应该重视这部分计费程序的严格定义,不能由于任何原因调整其计费程序。

二、开展工程造价咨询业务的标准规范依据

建设工程标准是建设工程领域技术原则、指标和应用界限的原则规定,是从事建设工作的基本原则,它反映了建设工程在当前时代的发展水平。在市场体制下,标准对行业发展的规范化作用越来越明显,标准体制的完善程度、标准水平的高低已成为行业发展的重要制约条件。规范是指群体所确立的行为标准,它们可以由组织正式规定,也可以是非正式形成的。工程建设领域为了做到别具特色,需要规范自己的行为,来影响建设工程活动的各方主体的决策与行动。所以,规范是国家对有关行业制定的强制执行标准。建筑规范是由政府授权机构所提出的建筑物安全、质量、功能等方面的最低要求,是根据建筑的特点制定供考核建筑是否符合标准的唯一衡量指标,这些要求以文件的方式存在,主要的有设计规范和施工规范,如防火规范、建筑

空间规范、建筑模数标准等。建筑规范规程是我国建筑界常用的标准的表达形式。它以建筑科学技术和实践经验的综合成果为基础，经有关方面协商一致，由国务院有关部委批准、颁发，作为全国建筑界共同遵守的技术准则和依据。这既是相关人员进行设计及施工的主要依据，也是能保证建筑科学地完成基础。

三、开展工程造价咨询业务的工程造价管理相关法规依据

(一) 工程造价管理相关法规在开展工程造价咨询业务中的作用

1. 规范工程造价咨询行为的作用

(1) 指导作用

指导作用是指对工程造价咨询活动的主体所进行的各种具体行为起到导向、引路作用，其对象是主体自己的行为。工程造价管理相关法规的指导是一种规范指引，其内容对任何当事人都给予同样的、一般的指引。这些工程造价管理相关法规的规定体现了它对具体工程造价咨询活动的规范和指导作用，从而使工程造价咨询活动的主体明辨自己的行动是可以为、不得为或者必须为。

(2) 评价作用

评价作用是指判断和衡量工程造价咨询人员的工程造价咨询行为，认定其是否合乎标准和尺度所起的作用。其评价的主要点在于行为人的外部行为、实践效果及行为人的责任，即判断某种工程造价咨询行为的法律上的有效性或无效性、合法性或违法性等。所有这些评价都是保护合法工程造价咨询行为，是对某种实际工程造价咨询行为的事后评价。

(3) 预测作用

预测作用是指工程造价咨询活动的主体预先知晓或估计工程造价行为人相互间将如何行为以及行为的后果等，从而根据这种预知来作出合理行动安排和计划。预测作用的对象是工程造价当事人之间的相互行为以及和工程造价咨询人员之间的相互行为，只有相互之间发生关系的情况下才会进行行为预测，预测相互行为的影响、关系和法律后果等。正是由于工程造价管理相关法规制度预测了各个工程造价管理主体行为的法律后果，影响、规范、

约束各个工程造价管理主体的行为，从而体现了工程造价管理相关法规的预示作用，使工程造价咨询企业及其他工程项目参与方明白自己行为的法律意义。

（4）强制作用

强制作用主要体现在对工程造价咨询违法行为及犯罪行为的震慑、必究、惩罚和预防，体现了某种社会的需要。既要实现对工程造价咨询的规范和指导，又要保护合法的工程造价咨询活动。工程造价管理法规对各种违法行为设定各种民事责任或行政责任，强制违法行为人承担所规定的责任，对违法的工程造价咨询活动给予应有的处罚。

通过工程造价管理相关法规的规范作用，可以规范工程造价咨询主体的工程造价咨询活动，以实现工程造价咨询行为的各项具体目标；通过规定工程造价咨询主体的法律义务和法律责任，来强化对工程造价咨询主体权利的法律保护；通过规范作用可以协调和解决各种工程造价咨询行为矛盾。

2.对工程造价管理的作用

（1）对工程造价确定与控制的作用

工程造价确定与控制的技术性操作是以工程造价的契约性为前提的，因此，工程造价管理相关法规中有关工程造价条款的约定是在工程计价方式、工程造价确定形式、工程造价风险控制、工程价款支付时间、违约责任等具体中来体现的。而作为工程造价咨询人员，在进行工程造价确定或者工程造价控制的技术性计算前，应当重视全面了解影响工程造价的所有契约性文件。正是工程造价的契约性，使得工程造价的确定和控制涉及很多法律问题，而这些法律问题直接或间接地影响工程造价的确定和控制。

（2）及时妥善解决工程造价纠纷的作用

及时妥善解决工程造价纠纷，必然涉及工程造价管理相关法规适用问题，即工程造价管理相关法规在工程造价纠纷争议解决过程中发挥什么作用。只有正确适用工程造价管理相关法规，才能切实保障当事人的合法权益。正确适用工程造价管理相关法规，关键是要把握法的效力问题。法的效力是指工程造价纠纷各参与人应当按照工程造价管理相关法规规定的行为模式，必须予以服从的一种法律之力。一般而言，法的效力就意味着工程造价纠纷各参与人应当遵守、执行和适用法律，不得违反。在工程造价纠纷解决中适用何种规则，会直接影响纠纷解决的结果。所以，工程造价管理相关法规规则的明确性、具体性和完善性，对于工程造价纠纷解决结果具有决定性的作用。

（3）平衡工程建设参与各方之间权益的作用

通过工程造价管理相关法规在工程造价管理活动中的实施，在保护国家利益和公共利益的秩序原则下，能够实现工程建设参与各方之间权益平衡的作用。也就是说，在特别对工程建设质量安全积极保护的前提作用下，才能行使工程建设参与各方之间权益的平衡。这是法律规范的核心内容，是一种强制性规定，是充分保护工程建设参与各方权利的必然要求。所以，工程造价管理相关法规是通过规定相关的法律义务和法律责任，起到保护工程建设参与各方权益的作用，工程建设参与各方只有在法律框架内相互沟通，调整工程造价管理活动的工程建设参与各方行为的关系，达到工程建设参与各方的权利和义务的总平衡。

（二）工程造价管理相关法规的种类

1. 工程造价管理相关法律

工程造价管理相关法律是指由全国人民代表大会及其常委会制定颁布的法律。如《建筑法》《招标投标法》《合同法》《价格法》《民事诉讼法》等。

2. 工程造价管理相关行政法规

工程造价管理相关行政法规是指由国务院制定颁布的属于建设主管部门主管业务范围的各项法规。如《建设工程质量管理条例》《建设工程勘察设计管理条例》《城市房屋拆迁管理条例》《建设工程安全生产管理条例》等。

3. 工程造价管理相关部门规章

工程造价管理相关部门规章是指由国务院建设主管部门或者国务院相关部门联合制定颁布的有关各项法规。如《建筑工程施工发包与承包计价管理办法》《建设工程价款结算暂行办法》《最高人民法院关于审理建设工程施工合同纠纷案件适用法律问题的解释》等。

4. 工程造价管理相关地方性法规

工程造价管理相关地方性法规是指由省、自治区、直辖市人民代表大会及其常委会制定颁布的，或者经其批准颁布的由下级人民代表大会及其常委会制定颁布的地方建设管理方面的法规。如《云南省建设工程造价管理条例》《甘肃省建设工程造价管理条例》《福建省建筑市场管理条例》等。

5. 工程造价管理相关地方政府规章

工程造价管理相关地方政府规章是指由省、自治区、直辖市人民政府制定颁布的，或者经其批准颁布的由下级人民政府制定的建设方面的法规。如《××省建设工程造价管理办法》等。

四、工程造价咨询业务合同是工程造价咨询业务的法律效力依据

(一) 签订工程造价咨询业务合同的必备条件

当工程造价咨询企业受理委托人委托的工程造价咨询业务时，在业务开展前，必须以书面的形式把委托人与工程造价咨询企业的关系明确规定下来。这样，工程造价咨询企业与委托人签订工程造价咨询业务合同才具有约束性。双方均应明确权利、义务及费用，并且双方当事人都应签字。签订的工程造价咨询业务合同的必备条件大致如下。

(1) 工程造价咨询企业与委托人都能在同意接受条件的基础上达成协议。

(2) 工程造价咨询企业与委托人在法律上承担义务。

(3) 工程造价咨询企业与委托人相互履行义务，不能只写入单方面义务，而应写入双方所应承担的义务。

(4) 工程造价咨询业务合同内容符合所在国的法律，不得有诈骗、隐匿罪证等不法行为。

(二) 工程造价咨询业务合同的主要内容

1. 工程项目名称

一般指工程造价咨询业务合同标的涉及工程项目的名称和服务类别，工程造价咨询企业与委托人应当明确约定。

2. 标的内容、范围和要求

工程造价咨询业务主要是提供工程造价咨询成果文件或工程造价咨询鉴定报告。因此，工程造价咨询业务合同标的就是工程造价咨询成果文件或工程造价咨询鉴定报告。不同的工程造价咨询业务合同标的，就有着不同的

工程造价咨询范围和服务类别，以及提出的一些具体要求。当工程造价咨询企业与委托人在订立工程造价咨询业务合同时，不仅要明确工程造价咨询业务合同标的，而且还要根据不同标的要求，明确该标的的工程造价咨询范围和工程造价咨询成果文件的技术、质量要求。

3. 当事人的权利、义务

当事人在整个工程造价咨询工作过程中应有的权利和义务是工程造价咨询业务合同的重要内容之一。只有权利和义务明确了，工程造价咨询企业与委托人才能顺利进行各项工作。因此，在工程造价咨询业务合同中约定当事人的权利和义务条款，明确工程造价咨询企业与委托人各自的权利和义务规定，是对履行工程造价咨询业务合同的根本保证。

4. 当事人的违约责任

在工程造价咨询过程中，为维护工程造价咨询业务合同的法律性，监督当事人履行工程造价咨询业务合同的规定。如《建设工程造价咨询合同（示范文本）》规定："咨询人对委托人或第三人所提出的问题不能及时核对或答复，导致合同不能全部或部分履行，咨询人应承担责任……委托人应当履行建设工程造价咨询合同约定的义务，如有违反则应当承担违约责任，赔偿给咨询人造成的损失。"

5. 履行的期限、地点和方式

任何工程造价咨询业务合同中都应有说明履行期限、地点和方式的条文。履行期限是对工程造价咨询业务合同履行时间的要求，是确认工程造价咨询业务合同是否按期履行或者迟延履行的客观标准。履行地点是指履行区域范围，明确约定履行区域范围不仅对工程造价咨询业务合同的实现有直接作用，而且关系到履行时所需各种费用的支付，还涉及发生纠纷后法院的管辖问题。履行方式是指当事人采用什么样的方式和手段履行工程造价咨询业务合同规定的义务，履行方式根据工程造价咨询业务合同的内容不同而有所不同，应当在工程造价咨询业务合同中明确规定。

6. 酬金及其支付方式

酬金，即标的的代价。一般按工程造价咨询成果文件或工程造价咨询鉴定报告的费率来计算，或者协商议定，价款以货币数量来表示。酬金的支付方式由当事人在工程造价咨询业务合同中约定，可以采取一次总付、分期支付或者协商支付等方式。

7. 违约或损害赔偿的计算方法

由于工程造价咨询业务合同的当事人有可能违反合同的约定，给另一方当事人造成损失，所以当事人应当在工程造价咨询业务合同中约定违约金、损害赔偿的计算方法以及违约金与损害赔偿的关系。

8. 合同争议的解决

工程造价咨询业务合同在履行过程中发生争议，工程造价咨询企业与委托人应当约定解决方式，如协商解决；如未能达成一致，可提交有关主管部门调解；协商或调解不成的，可提交仲裁委员会仲裁或依法向人民法院提起诉讼。

9. 名词和术语的解释

工程造价咨询业务合同具有很强的专业性，在工程造价咨询业务合同文本中要使用一些专业名词术语和简化符号。为防止因理解歧义而发生争议，对关键性术语和简化符号，需要双方当事人协商明确无异议解释。

如《建设工程造价咨询合同（示范文本）》规定下列名词和用语，除上下文另有规定外具有如下含义。

"委托人"是指委托建设工程造价咨询业务和聘用工程造价咨询单位的一方，以及其合法继承人。

"咨询人"是指承担建设工程造价咨询业务和工程造价咨询责任的一方，以及其合法继承人。

"第三人"是指除委托人、咨询人以外与本咨询业务有关的当事人。

"日"是指任何一天零时至第二天零时的时间段。

建设工程造价咨询合同适用的是中国的法律、法规，以及专用条件中议定的部门规章、工程造价有关计价办法和规定或项目所在地的地方法规、地方规章。

建设工程造价咨询合同的书写、解释和说明，以汉语为主导语言。当不同语言文本发生不同解释时，以汉语合同文本为准。

第三节 工程造价咨询项目管理

一、工程造价咨询项目

(一) 工程造价咨询项目的概念

1.工程造价咨询项目的总体属性

从本质上讲，工程造价咨询项目实质上是一系列工作。虽然工程造价咨询项目是有组织地进行，但它并不是组织本身；虽然工程造价咨询项目的成果是某种产品或服务，但工程造价咨询项目也不是产品或服务本身。如全过程工程造价咨询项目，应该把它理解为包括建设项目决策、设计、交易、施工、竣工各个阶段在内的整个过程，不能理解为移交给委托人的成果文件或服务成果。

2.工程造价咨询项目的过程

工程造价咨询项目是必须完成的、临时性的、一次性的、有限的任务，这是工程造价咨询项目过程区别于其他常规任务与活动的基本标志，也是识别工程造价咨询项目的主要依据。各个工程造价咨询项目所经历的时间可能是不同的，但各个工程造价咨询项目都必须在某个时间内完成，有始有终是项目的共同特点。如建设工程招标代理的咨询项目，其过程应该包括策划建设项目招标形式及承发包模式；主持或参与招投标全过程招标或工程造价咨询工作；招标文件咨询；工程量清单咨询；招标控制价咨询；投标报价咨询；施工合同咨询。在这个过程中，必须在某个时间段内完成建设工程招标代理的咨询项目，才能持续下一步建设工程施工项目的咨询。

3.工程造价咨询项目的成果

各个工程造价咨询项目都有一个既定的目标，或称成果文件或服务成果。任何工程造价咨询项目都有一个与以往、与其他任务不完全相同的目标，最终结果通常是一个成果文件或服务成果。这个既定的目标往往在工程造价咨询项目一开始就要设计出来，并在其后的工程造价咨询项目活动中一步一步地实现。

4. 工程造价咨询项目的共性

工程造价咨询项目也像其他任务一样，有资金、资源和时间等许多约束条件限制。这些约束条件是完成工程造价咨询项目的限制因素，同时也当然是管理工程造价咨询项目的条件，是对管理工程造价咨询项目的要求。

(二) 工程造价咨询项目的特点

1. 一次性

对于工程造价咨询而言，每一笔业务都具有明确的开始日期和结束日期，任务完成，工程造价咨询项目即告结束，没有重复。从项目整体来说，工程造价咨询企业和委托方签订合同就可视为工程造价咨询项目启动了。但是，工程造价咨询项目的结束点要视委托方要求而定，一般而言，工程造价咨询项目组人员提交最终的工程造价咨询成果文件可视为项目的结束。这就限定了工程造价咨询项目的生命期，决定了工程造价咨询项目是一次性的，工程造价咨询项目管理也是一次性的。工程造价咨询项目的一次性特点对项目的组织和组织行为的影响尤为显著。

2. 个别性、差异性

由于建设工程项目的用途、功能、规模的不同，就会产生不同的价格，即使完全相同的建筑因建设时期的不同也会产生不同的价格，造成工程造价咨询项目的个别性特点。例如，园林绿化工程和房屋建筑工程的工程造价咨询项目所服务的内容就有个别性的特点。同时，建设工程项目因各个阶段的不同，需要提供的工程造价咨询服务内容具有较大的差异性。例如，交易阶段与竣工阶段两者所提供的工程造价咨询服务内容就存在较大的差异性。

3. 独特性

独特性又称唯一性。每个工程造价咨询项目的内涵都有一些独特的成分，即任何一个工程造价咨询项目之所以能够成为项目，是由于它有区别于其他任务的特殊要求，或者工程名称相同，内容不同；或者内容基本相同而要求不同。有些工程造价咨询项目的期望和要求各不相同，它们的地点和时间、内外环境和社会条件等都会有所差别。因此，工程造价咨询项目总是具有自身的独特性，即每个工程造价咨询项目都有其特别的地方，没有两个工程造价咨询项目会是完全相同的。

4. 多目标性

任何工程造价咨询项目都具有明确的目标，这说明工程造价咨询项目的总目标是单一的，而在明确总目标的过程中还有许多不同的具体目标，可以分解为若干子任务。只有完成了这些任务，工程造价咨询项目的总目标才会得以实现。从全过程来看，一个工程造价咨询项目，无论是建设项目决策、设计、交易、施工、竣工的不同阶段，还是工程造价咨询项目组内部工程造价信息收集、资料整理与存档等，应依据相关规范编制并提交不同阶段的工程造价成果文件，完成不同的小目标。这些具体目标既可能是协调的，或者说是相辅相成的，也可能是不协调的，或者说是互相制约的。这些有机联系的目标共同组成了一个目标系统。不同的工程造价咨询项目，可能有不同的目标和目标系统，或者对目标有不同程度的要求。因此，工程造价咨询项目不仅具有确定性目标，还具有多目标的属性。

5. 法律性

工程造价咨询项目与参与单位之间主要靠合同作为纽带，以合同作为分配工作任务、划分责权利关系的依据。工程造价咨询项目适用建设工程造价相关法律法规条款、规范和规程，如建筑法、合同法、招标投标法、工程造价咨询企业管理办法、建设工程工程量清单计价规范等。

(三) 工程造价咨询项目的生命周期

1. 工程造价咨询项目准备的重点工作

(1) 签订工程造价咨询合同

工程造价咨询企业接受委托人的工程造价咨询委托后，双方可进一步协商，签订统一格式的工程造价咨询合同，明确合同标的、服务内容、范围、期限、方式、目标要求、资料提供、协作事项、收费标准、违约责任等。

(2) 建立工程造价咨询项目组

工程造价咨询企业应根据工程造价咨询业务范围的具体要求，建立工程造价咨询项目小组，配备相应的专业人员，包括项目负责人、相应的各专业工程造价工程师及工程造价员。

（3）建立相关管理制度

建立管理体系及管理制度，其中包含质量管理制度、信息管理制度、风险管理制度等。

（4）制订工程造价咨询项目实施方案

根据工程造价咨询合同，同时结合工程造价咨询项目的具体情况，制定工程造价咨询项目的实施方案。该工程造价咨询实施方案编制完后，经企业技术总负责人审定批准后实施。

（5）工程造价咨询资料的收集整理

工程造价咨询项目组应根据合同明确的标的内容，在项目负责人的安排下，踏勘现场、了解情况，同时收集、整理开展工程造价咨询工作所必需的工程造价咨询资料。

2. 工程造价咨询项目实施的重点工作

（1）熟悉有关工程造价咨询依据

按照工程造价咨询实施方案的具体情况，根据收集整理的工程造价信息进行甄别，有针对性地熟悉各种具体的工程造价依据，了解工程造价咨询过程的关键工程造价信息，分析相关的工程造价信息，为工程造价咨询问题处理、计算做好充分准备。

（2）工程造价问题处理、计算和分析

根据工程造价咨询实施方案开展工程造价的各项计量、确定、控制以及计算、处理分析等工作。由于工程造价贯穿工程建设各个阶段，在实施工程造价咨询的过程中，应当针对工程建设各个阶段的各种具体工程造价问题，运用相关的工程造价信息和方法，进行工程造价确定与控制等各项的处理、计算和分析。

（3）编制工程造价咨询成果文件

应根据工程造价咨询业务的具体要求，初步编制工程造价咨询成果文件，征询有关各方的意见，最终以书面形式体现。所编制的工程造价咨询成果文件的数量、规格、形式等应满足工程造价咨询合同的规定。

3. 工程造价咨询项目成果检验的重点工作

所编制的工程造价咨询成果文件必须经过审校，确保所需依据的完备性，内容与组成完整，构成清晰合理，深度符合规定要求，确保成果结论的真实性和科学性。专业造价工程师签章确定，然后按规定应由技术总负责人或项目负责人签发后才能交付。

4. 工程造价咨询项目结束的重点工作

（1）工程造价咨询成果文件交付

工程造价咨询成果文件交付与资料交接，应确定其完备性。首先应确定所交付的工程造价咨询成果文件已满足工程造价咨询合同的要求与范围，另外，需确定所有工程造价咨询成果文件的格式、内容、深度等均符合国家及行业相关规定的标准。

（2）工程造价咨询项目回访与评价

工程造价咨询企业有必要制定相关的咨询服务回访与总结制度，组织有关技术人员进行回访并对工程造价成果文件进行回顾与评价。

（3）工程造价咨询成果的信息化处理

工程造价咨询项目组在工程造价咨询业务终结完成后，应选择有代表性的工程造价咨询成果进行经济指标的统计与分析，分析比较事前、事中、事后的主要工程造价指标，建立工程造价咨询信息系统，将工程造价咨询成果资源信息化，作为今后工程造价咨询业务的参考。

（4）工程造价咨询成果文件的归档

工程造价咨询项目组应根据本单位的特点建立健全档案管理制度，建立健全质量管理保证体系，并对工程造价咨询业务施行全过程的质量控制。工程造价咨询成果文件的收集、整理、留存和归档应成为工程造价咨询企业必须考虑的质量管理问题。

二、工程造价咨询项目管理

（一）项目管理概念

所谓项目管理，是指在特定环境和约束条件下，通过项目组织的努力，运用系统理论和方法对项目及其资源进行计划、组织、协调、控制，旨在实现项目特定目标的管理方法体系。这一定义是在项目选择决策做出之后，为完成所决定的项目而进行的管理。所以，项目管理应从组织与管理的角度采取措施，确保项目目标的最优实现。项目管理贯穿项目的整个生命周期，在一步一步地实现过程中，对每个阶段的实现过程需要不同的项目管理措施，每个阶段的若干具体工作任务付诸实施，都需要经历这样的管理过程。因此，整个过程必须实施科学管理、严格控制，以实现项目的目标。

项目管理是以项目经理负责制为基础的目标管理。一般来讲，项目管理是按任务而不是按职能组织起来的。项目属于一次性任务，对项目进行管理，不仅是对任务的完成过程和所涉及的各项工作进行管理，还应该包括对这种一次性任务的领导和组织实施。这就需要把整个项目的生命周期划分为若干阶段进行管理，针对各个阶段采用不同的管理技术方法。所以，项目管理实际上是一种系统管理的方法，是对整个项目的活动进行计划、组织、领导与控制，以充分利用有限资源，在限定的时间内完成一定的目标。项目管理强调运用特殊的组织运行机制，对项目动态过程进行管理。

(二) 工程造价咨询业引入项目管理的必要性

工程造价咨询经历了从个体咨询、集体咨询到专业咨询或综合咨询的若干阶段，随着投资渠道多源化、投资主体多元化和投资决策分权化，工程造价咨询公司的业务都必须由集体来承担、共同完成，不可能某个人就能解决，每项任务必然有分工与合作，需要团队的力量才能完成。因此，类型不一的工程造价咨询公司需要采用项目的模式进行管理操作来开展工程咨询业务，自然是有一定原因的。每个项目从承接到任务结束都有其生命周期，生命周期的每个阶段都有其核心工作，项目管理对于工程造价咨询企业意义重大。

三、工程造价咨询项目管理过程

(一) 工程造价咨询项目的整体化

1. 工程造价咨询项目范围的整体化管理

工程造价咨询项目范围是指为了完成咨询服务并实现工程造价咨询项目所必须完成的各项活动。所谓"必须"完成的各项活动，是说明不完成这些活动，工程造价咨询项目就无法完成。这里范围的概念包含两方面：一个是服务的范围，即咨询方案所包含的技术工具或解决途径；另一个是工程造价咨询项目范围，即为交付具有规定项目目标所要求完成的全部工作。范围的整体化管理保证工程造价咨询项目中哪些该做，哪些不该做，做到什么程度，这样就有一个完整的、反映工程造价咨询项目内在功能特征的，又界面清晰、层次分明、便于管理的工作分解结构，确保各项活动顺利实施。

2. 工程造价咨询项目目标的整体化管理

一个工程造价咨询项目，其目标往往不是单一的，由于项目的当事人和利益相关者对项目的需求会有所不同，确定的目标也有所不同，关注的重点常常相距甚远，这些有机联系的目标共同组成了一个目标系统，而且不同目标之间彼此也可能会有冲突。要确定目标，就需要对工程造价咨询项目的多个目标进行权衡，目标的整体化就是要对这些相互冲突、矛盾需求进行协调，寻求项目的各利益相关者都可以接受、感到满意的结果。如果没有明确的目标整体化管理，项目的利益相关者将不能与整体目标达成一致；如果没有明确的目标整体化管理，将很难评价工程造价咨询项目成果文件是否与既定的目标相符；如果没有明确的目标整体化管理，个人目标的确定将难以与项目整体目标相联系。

3. 工程造价咨询项目过程的整体化管理

每个工程造价咨询项目都有自己的实现过程，即生命周期。工程造价咨询项目的生命周期可以根据其项目所属工程造价咨询的特殊性和项目的工作内容等因素划分成各种不同的项目工作阶段。在各种不同的项目工作阶段，工程造价咨询项目管理的各个过程之间有相互作用的关系，是一种前后衔接的关系。因此，工程造价咨询项目管理要贯穿于工程造价咨询项目生命周期的全过程，一环扣一环的机制将各子过程或工程造价咨询项目各阶段结合为整体，是对一个工程造价咨询项目从开始到结束进行整体化过程管理。

(二) 工程造价咨询项目过程

如上所述，一个工程造价咨询项目一般由工程造价咨询项目的实现过程和管理过程构成，而工程造价咨询项目的实现过程和管理过程是有区别的，前者是从整体性来描述活动和内容，后者是从每一个阶段实现过程中所产生的一系列活动。

1.工程造价咨询项目的实现过程

工程造价咨询项目的实现过程是指工程造价咨询人员为创造工程造价咨询项目的成果文件而开展的各种活动所构成的过程。工程造价咨询项目的实现过程一般用项目的生命周期来说明和描述其活动和内容，不同工程造价咨询的项目，其实现过程是有所不同的。如工程招标代理项目与工程造价经济纠纷鉴定项目的实现过程是有区别的，工程招标代理项目的招标文件编制一般的活动过程有资料数据准备、招标文件范本的选择、招标文件内容的确定、招标文件的编制、招标文件的审核和成果文件提交，而工程造价经济纠纷鉴定项目一般的活动过程有接受委托、鉴定准备、实施并出具结果和成果文件归档。它们的生命周期所实现的工作内容是有所不同的，工程造价咨询人员应当根据工程造价咨询项目的具体特点，在实现过程中区分不同情况和工作内容，划分各种不同的项目工作阶段。

2.工程造价咨询项目的管理过程

工程造价咨询项目的管理过程是指在工程造价咨询项目实现过程中，工程造价咨询人员对项目的每一个工作阶段进行计划、组织、协调、控制等一系列活动所构成的过程。在工程造价咨询服务的业务范围内，不同工程造价咨询项目的实现过程需要不同的项目管理过程，其工作内容必须根据具体解决方案进行过程管理。

在整个工程造价咨询项目的过程中，工程造价咨询项目管理过程和工程造价咨询项目实现过程从时间上是相互交叉和重叠的，从作用上是相互制约和相互影响的。例如，对于一个具体工程造价咨询项目，如果目标界定不清楚，就不可能很好地确定工作范围，也就无法开展范围管理。同样，如果项目计划制订得不好，那么项目实现过程就会产生混乱的状态。

(三)工程造价咨询项目过程管理

1.工程造价咨询项目管理过程划分

(1)启动过程

启动过程包括工程造价咨询项目每一阶段的有关活动。在工程造价咨询项目的前期准备阶段，启动一个项目必须进行若干项具体的工作，要有人负责签订工程造价管理咨询合同，有人承担项目经理角色并配备人员。工程造价咨询项目的实施阶段和工程造价咨询项目成果检验阶段都会有启动过程，甚至工程造价咨询项目结束阶段也需要启动过程。在工程造价咨询项目结束过程中，必须有人负责结束有关工作，来确保成果文件的提交，有人组织有关技术人员进行回访并对工程造价成果文件进行回顾与评价，有人负责将工程造价咨询成果资源信息化以及工程造价咨询成果归档等。工程造价咨询项目的前期准备阶段的主要成果就是形成一个工程造价咨询项目规则或选择一位项目经理。

（2）计划过程

计划过程包括制订工作计划、人员组织计划、进度报告计划、文件控制计划等，以便实现工程造价咨询项目所要满足的服务要求。项目计划本身是一个系统，是由工程造价咨询项目的各个项目阶段或一系列子计划组成的，它们彼此之间相对独立，又紧密相关，使工程造价咨询项目计划形成有机协调的整体。制定工程造价咨询项目计划可以明确项目的范围、进度、各项工作的执行人、成本以及需要的信息资源等。计划过程的主要成果包括完成工作分解结构、进度计划、成本控制及质量要求。

（3）执行过程

执行过程包括组织和协调有关各个专业的工程造价咨询人员，组织和协调各项任务与工作，激励项目团队完成既定的工作计划，促使形成工程造价咨询成果文件等方面的工作。这是由一系列组织性的管理工作与活动过程所构成的工程造价咨询项目过程的管理工作，执行过程的主要成果就是交付工程造价咨询成果文件。

（4）控制过程

控制过程包括制定质量标准、监督或审核工程造价咨询项目工作过程的实际情况、分析存在问题的成因和多因素干扰、采取纠偏措施等一系列管理活动。这些都是保障工程造价咨询项目成果文件得以实现，防止时间拖延和质量问题而造成成果文件不符合要求的管理工作与活动。所以，项目控制过程是一种特定的、有选择的、能动的动态作用过程。

（5）结束过程

结束过程包括制定一个工程造价咨询项目或工程造价咨询项目阶段的

移交与接受条件，并完成工程造价咨询项目或工程造价咨询项目阶段成果的移交，从而使工程造价咨询项目能够顺利结束的管理活动。在这一结束过程中，工程造价咨询项目组最重要的是工程造价咨询成果文件或过程文件的审核验收，并提供保证质量的工程造价咨询成果文件，它的目的是确认工程造价咨询项目或工程造价咨询项目阶段实施的结果是否达到预期的要求，实现工程造价咨询项目或工程造价咨询项目阶段的移交与清算。结束过程的主要成果包括工程造价咨询项目工作的正式验收即审核工程造价咨询成果文件和过程文件、回访与总结评价报告等一系列工程造价技术文件。

2. 工程造价咨询项目过程管理之间的关系

（1）过程管理之间的前后衔接关系

工程造价咨询项目管理的工作过程之间是一种前后衔接关系，每个工作过程的开始和结束是其相互之间的关联要素。一个工作过程的结束，就是另一个工作过程的开始，各个工程造价咨询项目管理的工作过程之间就有工程造价管理信息流动。例如，工程造价咨询项目管理的执行过程要为工程造价咨询项目管理的控制过程提供各种信息，而工程造价咨询项目管理控制过程反过来为工程造价咨询项目管理执行过程提供各种更新信息。这说明工作过程之间的信息流是双向的，它们遵循一定的规律性，前后衔接，彼此相互适应、配合和协调，发挥整体管理效应。

（2）过程管理之间的交叉重叠关系

工程造价咨询项目管理的各个工作过程在时间上也并不完全是一个完成以后，另一个才能够开始的关系，工程造价咨询项目的各个阶段的各个具体工作过程活动都有不同的交叉和重叠。存在于工程造价咨询项目中的诸多的这种具体工作过程的管理，均会涉及若干方面的事务处理，前面的工作过程尚未完全结束之前，下一个的工作过程就开始了，这意味着下一个工作的许多文档的准备工作可以提前开始准备，这种有机的连接才能使工程造价咨询人员之间在时间和空间上建立协调配合的、有序的活动过程。

（3）过程管理之间的相互作用关系

工程造价咨询项目的不同阶段的过程管理之间也有相互作用、相互影响的关系，这种关系主要表现在前一阶段的结束过程，会对下一个的开始过程产生作用。前面阶段结束的成果文件是后面阶段开始的依据，后面阶段又根据前面阶段的成果文件，通过各种方法、工具和相关资源，产生新的成果文件。这就说明后面阶段的过程管理都是前面阶段的过程管理的一种延续，任何对前面阶段的不正确成果文件的记载，都会给后面阶段的进行造成一定影响。

第三章　全过程工程招标采购阶段咨询服务管理

第一节　招标采购阶段项目策划与管理

一、招标采购阶段咨询服务概述

建设项目的招标采购阶段，是在前期阶段形成的咨询成果［如可行性研究报告、投资人需求书、相关专项研究报告、不同深度的勘察设计文件（含技术要求）、造价文件等］的基础上进行招标策划，并通过招标采购活动，选择具有相应能力和资质的中标人，通过合约进一步确定建设产品的功能、规模、标准、投资、完成时间等，并将招标人和中标人的责、权、利予以明确。招标采购阶段是实现投资人建设目标的准备阶段，该阶段确定的中标人是将前期阶段的咨询服务成果建成优质建筑产品的实施者。

根据现行的《招投标法》《招标投标法实施条例》招标采购活动包括招标策划、招标、投标、开标、评标、中标、定标、投诉与处理等一系列流程。招标采购活动应当遵循公开、公平、公正和诚实信用的原则。

二、招标采购阶段项目策划

（一）依据

（1）相关法律法规、政策文件、标准规范等；（2）项目可行性研究报告、投资人需求书、相关利益者需求分析、不同深度的勘察设计文件（含技术要求）、决策和设计阶段造价文件等；（3）投资人经营计划，资金使用计划和供应情况，项目工期计划等；（4）项目资金来源、项目性质、项目技术要求、投资人对工程造价、质量、工期的期望以及资金的充裕程度等；（5）承包人专业结构和市场供应能力分析；（6）项目建设场地供应情况和周边基础设施的配套情况；（7）潜在投标人专业结构和市场供应能力分析；（8）项目建设场地供应情况和周边基础设施的配套情况;(9)招标过程所形成书面文件;(10)合同范本。

(二) 内容

招标策划工作的重点内容包括投资人需求分析、标段划分、招标方式选择、合同策划、时间安排等。充分做好这些重点工作的策划、计划、组织、控制的研究分析,并采取针对性的预防措施,减少招标工作实施过程中的失误和被动局面,保证招投标质量。

1. 投资人需求分析

全过程工程咨询单位可通过实地调查法、访谈法、问卷调查法、原型逼近法等收集投资人对拟建项目质量控制、造价控制、进度控制、安全环境管理、风险控制、系统协调性和程序连续性等方面的需求信息,编制投资人需求分析报告。

2. 标段划分策划

(1) 标段划分的法律规定

《招标法》第九条规定:招标项目需要划分标段、确定工期的,招标人应当合理划分标段、确定工期,并在招标文件中说明。

《招标法》实施条例第二十四条规定:招标人对招标项目划分标段的,应当遵守招标投标法的有关规定,不得利用划分标段限制或者排斥潜在投标人。依法必须进行招标的项目的招标人不得利用划分标段规避招标。

(2) 标段划分的基本原则

划分标段应遵循的基本原则:合法合规、责任明确、经济高效、客观务实、便于操作。

(3) 影响标段划分的因素

建设方可以把设计施工合并为一个标段;也可以把设计、施工划分为二个标段;还可以把设计划分为数个标段,如勘察、设计各为一个标段,把施工划分为若干标段,如把主体工程划为一个标段,配套工程按专业划分为相应的标段。影响上述工程标段划分的主要因素为:① 工程的资金来源。② 工程的性质。一般来说,建设方能够准确全面地提出规模、功能、技术要求的项目,可以采用把设计施工合并为一个标段的形式,不具备上述条件的,宜采用设计、施工分别划分为不同标段的形式进行招标。③工程的技术要求。④对工程造价的期望。⑤对工期的期望。⑥对质量的期望。⑦资金的充裕程度。

以上是通用的影响标段划分形成的因素，不同的工程还有其特殊的因素，就是上述通用的因素，应用到具体的工程中，各个因素应予以考虑的权重也是各不相同的。只有充分遵循上述标段划分的原则，才能客观地评价和平衡影响标段划分的因素，以达到合理划分工程标段的目的。

因此，全过程工程咨询单位应根据拟建项目的内容、规模和专业复杂程度等提出标段划分的合理化建议。

3.招标方式选择

全过程工程咨询单位应分析建设项目的复杂程度、项目所在地自然条件、潜在承包人情况等，并根据法律法规的规定、项目规模、发包范围以及投资人的需求，确定是采用公开招标还是邀请招标。

（1）公开招标

公开招标是指招标人以招标公告方式，邀请不特定的符合公开招标资格条件的法人或者其他组织参加投标，按照法律程序和招标文件公开的评标方法、标准选择中标人的招标方式。依法必须进行货物招标的招标公告，应当在国家指定的报刊或信息网络上发布。

根据国家发展和改革委员会第 16 号令《必须招标的工程项目规定》的第二条，全部或者部分使用国有资金投资或者国家融资的项目包括：（1）使用预算资金 200 万元人民币以上，并且该资金占投资额 10% 以上的项目；（2）使用国有企业事业单位资金，并且该资金占控股或者主导地位的项目。

（2）邀请招标

邀请招标是指招标人邀请符合资格条件的特定的法人或者其他组织参加投标，按照法律程序和招标文件公开的评标方法、标准选择中标人的招标方式。邀请招标不必发布招标公告或招标资格预审文件，但应该组织必要的资格审查，且投标人不应少于 3 个。

《招标投标法》规定，国家发展改革委确定的重点项目和省、自治区、直辖市人民确定的地方重点项目不适宜公开招标的，经国家发展改革委或省、自治区、直辖市人民政府批准，可以进行邀请招标。

《招标投标法实施条例》规定，国有资金投资占控股或者主导地位的依法必须进行招标的项目，应当公开招标；但有下列情形之一的，可以进行邀请招标：① 技术复杂、有特殊要求或者受自然环境限制，只有少量潜在投标人可供选择。② 采用公开招标方式的费用占项目合同金额的比例过大。有本款所列情形，属于规定的需要履行项目审批、核准手续的依法必须进行招标的项目，由项目审批、核准部门在审批、核准项目时作出认定；其他项目由招标人申请有关行政监督部门作出认定。

《工程建设项目勘察设计招标投标办法》规定，依法必须进行勘察设计招标的工程建设项目，在下列情况下可以进行邀请招标：① 项目的技术性、专业性强，或者环境资源条件特殊，符合条件的潜在投标人数量有限；② 如采用公开招标，所需费用占工程建设项目总投资比例过大的；③ 建设条件受自然因素限制，如采用公开招标，将影响项目实施时机的。

《工程建设项目施工招标投标办法》规定，国家发展改革委确定的重点项目和省、自治区、直辖市人民政府确定的地方重点项目，以及全部使用国有资金投资或者国有资金投资控股或者占主导地位的工程建设项目，应当公开招标；有下列情形之一的，经批准可以进行邀请招标：① 项目技术复杂或有特殊要求，只有少量几家潜在投标人可供选择的；② 受自然地域环境限制的；③ 涉及国家安全、国家秘密或者抢险救灾，适宜招标但不适宜公开招标的；④ 拟公开招标的费用与项目的价值相比，不值得的；⑤ 法律、法规规定不宜公开招标的。

采用邀请招标方式的，招标人应当向三家以上具备货物供应的能力、资信良好的特定的法人或者其他组织发出投标邀请书。

4. 招标合同策划

合同策划包括合同种类选择和合同条件选择。合同种类基本形式有单价合同、总价合同、成本加酬金合同等。不同种类的合同，其应用条件、权利和责任的分配、支付方式，以及风险分配方式均不相同，应根据建设项目的具体情况选择合同类型。

合同条件的选择。投资人应选择标准招标文件中的合同条款，没有标准招标文件的宜选用合同示范文本的合同条件，结合招投标目标进行调整完善。

5. 招标时间安排

全过程工程咨询单位需要合理制订招标工作计划既要和设计阶段计划、建设资金计划、征地拆迁计划、工期计划等相呼应，又要考虑合理的招标时间间隔，特别是有关法律法规对招标时间的规定，并且要结合招标项目规模和范围，合理安排招标时间。各行业的部门规章或各地的地方性法规、规章有可能对部分事项时限有与此不一致的规定，可以根据各地政策和项目特点进行调整。

(三) 程序

全过程工程咨询单位通过了解拟建项目情况、投资人需求分析、标段划分、招标方式选择、合同策划、招标时间安排等细节工作，将工作关键成果进行汇总整理，编写形成招标策划书。

(四) 注意事项

全过程工程咨询单位在招标采购策划过程中，应根据项目的进展情况和项目的特点，着重注意以下方面，以更好地开展项目的咨询策划工作：(1) 全过程工程咨询单位在组织招标策划过程中，应对社会资源供需进行深入分析，如拟招标项目需要开挖土方和运输，若项目所在地附近存在土方需求的，则应考虑将开挖土方供应给临近的需求者，以求降低成本，提高社会效益。(2) 应充分考虑项目功能、未来产权划分对标段的影响，招标策划工作中应根据投资人的需要，对优先使用的功能、产权明晰的项目优先安排招标和实施。(3) 项目招标策划应与项目审批配套执行，充分考虑审批时限对招标时间安排的影响和带来的风险，避免项目因审批尚未通过而导致招标无效，影响项目建设程序。(4) 招标策划应充分评估项目建设场地的准备情况，特别需要在招标前完成土地购置和征地拆迁工作，现场三通一平条件充足，避免招标结束后承包人无法按时进场施工导致索赔或纠纷问题。

三、招标采购阶段项目管理

全过程工程咨询单位应组织建立招标采购管理制度，确定招标采购流程和实施方式，规定管理与控制的程序和方法。需要特别强调的是，招标采购活动应当在国家相关部门监督管理下有秩序地进行的一项涉及面广、竞争性强、利益关系敏感的经济活动。因此，招标投标活动及其当事人应当接受依法实施的监督，这对招标投标的当事人来说是一项法定的义务。由于招标投标活动范围很广，专业性又强，很难由一个部门统一进行监督，而是由各个不同的部门根据规定和各自的具体职责分别进行监督。各省、自治区、直辖市人民政府从本地实际出发，对各部门招投标监督职责分工有具体规定，建设项目的招标采购管理应同时遵守工程建设项目所在地的规定。

全过程工程咨询单位在招标采购阶段需要管理的内容有：(1) 招标采购策划管理；(2) 招标采购制度管理；(3) 招标采购过程管理；(4) 招标采购合同管理；(5) 招标采购流程评价。

(一) 依据

(1) 相关法律法规、政策文件、标准规范等；(2) 项目可行性研究报告、投资人需求书、相关利益者需求分析、不同深度的勘察设计文件 (含技术要求)、决策和设计阶段造价文件等；(3) 招标人经营计划，资金使用计划和供应情况，项目工期计划等；(4) 项目资金来源、项目性质、项目技术要求、投资人对工程造价、质量、工期的期望以及资金的充裕程度等；(5) 潜在投标人专业结构和市场供应能力分析；(6) 项目建设场地供应情况和周边基础设施的配套情况；(7) 招标过程所形成的书面文件；(8) 合同范本。

(二) 内容

1. 招标采购策划管理

全过程工程咨询单位对项目进行招标策划：根据工程的勘察、设计、监理、施工以及与工程建设有关的重要设备 (进口机电设备除外)、材料采购的费用投资估算或批准概算来进行招标策划，明确哪些须招标，哪些可不用招标，并编制相应的招标文件，通过一系列的招标活动，完成对中标人的招标。

2. 招标采购制度管理

全过程工程咨询单位应协助招标人制定招标采购阶段的管理制度，招标采购管理制度中应包含招标采购组织机构及职责、招标采购工作准则、招标采购工作流程、质疑投诉处理、资料移交、代理服务费支付、招标代理机构的考核制度、招标采购人员职业规范、奖励与处罚，以及招标人和招标代理机构等各参建方在招标采购过程的会签流程等内容，本着规范招标、采购行为，保障招标人的根本利益，兼顾质量和成本，提高工作效率和市场竞争力的原则，完善招标采购制度。

3.招标采购过程管理

建设项目招标采购过程管理主要包含招标程序管理及各阶段的主要工作内容管理。

招标程序是相应法律法规规定的招标过程中各个环节承前启后、相互关联的先后工作序列。招标程序对招投标各方当事人具有强制约束力，违反法定程序需承担法律责任。

各阶段的主要工作内容是指招标人在招标、投标、开标、评标、定标、签订合同等阶段所要做的或监督委托的招标代理机构应做的主要事项，包括但不限于组织参建单位相关人员进行招标文件（资格预审文件）的讨论审核、工程量清单及控制价的审核、组织相关方人员进行招标答疑、招标流程合规化的监督、协助处理投诉质疑等主要管理工作。

（1）招标文件（资格预审文件）

资格预审文件：① 招标范围；② 投标人资质条件；③ 资格审查方法（有限数量制或合格制）；④ 资格审查标准。

招标文件：① 招标范围；② 投标人资质条件；③ 投标报价要求和内容；④ 评标办法；⑤ 主要合同条款；⑥ 价款的调整及其他商务约定。

（2）工程量清单及控制价的审核

工程量清单编制完成后应进行审核，主要审核内容详见"工程量清单审核程序"中的内容。

（3）组织相关方人员进行招标答疑

全过程工程咨询单位组织相关参与单位，在开标之前进行招标答疑活动，招标人对任何一位投标人所提问题的回答，必须发送给每一位投标人，保证招标的公开和公平。回答函件作为招标文件的组成部分，如果书面解答的问题与招标文件中的规定不一致，以函件的解答为准。

（4）招标流程合规化的监督

全过程工程咨询单位"协助招标人"严格把关招标流程，从"市场调研、评委抽取、招标条件、资格审查、评标过程、中标结果、合同签订、合同履行"八个关键环节入手，细化为具体监督内容的监督流程，由监督人员在招投标监督过程中执行。

（5）协助处理投诉质疑

全过程工程咨询单位耐心做好质疑答复工作，严防事态升级，重视投诉质疑回复工作。质疑投诉回复是质疑投诉处理的阶段性工作标志，对它的把握要做到恰到好处。全过程工程咨询单位"须协助招标人"耐心做好质疑答复工作，严防事态升级，重视投诉质疑回复工作。要做到按所提疑问逐条仔细给予回复，答复时用词要精准，不能产生歧义。

4.招标采购合同管理

（1）依据

法律法规：《合同法》；《标准施工招标文件》；《建设工程施工合同（示范文本）》；其他相关法律法规、政策文件、标准规范等。

建设项目工程资料：项目决策、设计阶段的成果文件，如可行性研究报告、勘察设计文件、项目概预算、主要的工程量和设备清单；投资人和全过程工程咨询单位提供的有关技术经济资料；类似工程的各种技术经济指标和参数以及其他有关的资料；项目的特征，包含项目的风险、项目的具体情况等；招标策划书；其他相关资料。

（2）内容

施工合同是保证工程施工建设顺利进行、保证投资、质量、进度、安全等各项目标顺利实施的统领性文件，施工合同应该体现公平、公正和双方真实意愿反映的特点，施工合同只有制定科学才能避免出现争议和纠纷，确保建设目标的实现。

要点分析：

① 承包范围以及合同签约双方的责权利和义务

明确合同的承包范围以及合同签约双方的责权利和义务才能从总体上控制好工程质量工程进度和工程造价，合同的承包范围以及合同签约双方的责权利和义务的描述不应采用高度概括的方法，应对承包范围以及合同签约双方的责权利和义务进行详尽的描述。

②风险的范围及分担办法

在合同的制定中，合理确定风险的承担范围是非常重要的，首先，风险的范围必须在合同中描述清楚，合理分担风险，避免把一切风险都推给中标人承担的做法。

③严重不平衡报价的控制

"不平衡报价"是中标人普遍使用的一种投标策略，其目的是"早拿钱"（把前期施工的项目报价高）和"多拿钱"（把预计工程量可能会大幅增加的项目报价高），一定幅度的"不平衡"是正常的，但如果严重的不平衡报价，将严重影响造价的控制。

④进度款的控制支付

进度款的支付条款应清楚支付的条件、依据、比例、时间、程序等。工程款的支付方式包括预付款的支付与扣回方式、进度款的支付条件、质保金的数量与支付方式及工程款的结算等。

⑤工程价款的调整、变更签证的程序及管理

合理设置人工、材料、设备价差的调整方法，明确变更签证价款的结算和支付条件。

⑥违约及索赔的处理办法

清晰界定正常变更和索赔，明确违约责任及索赔的处理办法。合理利用工程保险、工程担保等风险控制措施，使风险得到适当转移、有效分散和合理规避，确保有效履约合同，实现投资控制目标。

(3) 注意事项

合同条款策划应注意以下问题：①合同条款策划要符合合同的基本原则，不仅要保证合法性、公正性，而且要合理分担风险，促使各方面的互利合作，确保高效率地完成项目目标；②合同条款策划应保证项目实施过程的系统性、协调性和可实施性；③合同承包范围应清晰，合同主体和利益相关方责权利和义务明确；④合同管理并不是在合同签订之后才开始的，招标过程中形成的大部分文件，在合同签订后都将成为对双方当事人有约束力的合同文件的组成文件。

该阶段合同管理的主要内容有：①审核资格预审文件（采用资格预审时），

对潜在投标人进行资格预审；② 审核招标文件，依法组织招标；③ 必要时组织现场踏勘；审核潜在投标人编制投标方案和投标文件；④ 审核开标、评标和定标工作；⑤ 合同分析和审查工作；⑥ 组织合同谈判和签订，落实履约担保；⑦ 合同备案等。对中标人的投标文件进行审核，再签订合同。

5. 招标采购流程评价

在项目招标采购完成之后，全过程工程咨询单位应对招标采购流程进行评估。将合同各参与主体在执行过程中的利弊得失、经验教训总结出来，为投资人同类型招标采购提供借鉴，为项目部及公司决策层提供参考。

(三) 程序

全过程工程咨询单位在招标采购阶段的项目管理工作，通过前期协助招标人制定招标采购管理的制度，组织策划招标采购流程，管理招标采购的过程，同时，对招标投标的合同进行管理，招标投标活动完成后，开展招标采购项目后评估。

(四) 注意事项

(1) 全过程工程咨询单位在招标采购项目过程中，应对社会资源供需进行深入分析，如拟招标项目需要开挖土方和运输，若项目所在地附近存在土方需求的，则应考虑将开挖土方供应给临近的需求者，以求降低成本、提高社会效益。(2) 应充分考虑项目功能、未来产权划分对标段影响，招标策划工作中应根据投资人的需要，对优先使用的功能、产权明晰的项目优先安排招标和实施。(3) 项目招标策划应与项目审批配套执行，充分考虑审批时限对招标时间安排的影响和带来的风险，避免项目因审批尚未通过而导致招标无效，影响项目建设程序。(4) 招标策划应充分评估项目建设场地的准备情况，特别需要在招标前完成土地购置和征地拆迁工作，现场三通一平条件充足，避免招标结束后中标人无法按时进场施工导致索赔或纠纷问题。

第二节　招标采购代理及阶段投资管控

一、招标采购代理

工程招标代理，是指工程招标代理机构接受招标人的委托，从事工程的勘察、设计、施工、监理以及与工程建设有关的重要设备（进口机电设备除外）、材料采购招标的代理业务。工程招标代理工作包括：与招标人签订招标代理合同，拟定招标方案，提出招标申请，发布招标公告或发出投标邀请书，编制、发售资格预审文件，审查投标申请人资格，编制并发售招标文件，编制标的或投标控制价，踏勘现场与答疑，组织开标，组织评标定标与发出中标通知书，招标投标资料汇总与书面报告，协助招标人签订合同、合同备案等。

（一）依据

1. 法律法规

（1）相关法律法规、政策文件、标准规范等；（2）《标准施工招标文件》；（3）《建设工程招标控制价编审规程》；（4）《建设项目全过程造价咨询规程》；（5）《招标投标法》；（6）《招标投标法实施条例》；（7）《建设工程造价咨询成果文件质量标准》。

2. 建设项目工程资料

（1）项目可行性研究报告、投资人需求书、相关利益者需求分析、不同深度的勘察设计文件（含技术要求）、决策和设计阶段造价文件等；（2）投资人资金使用计划和供应情况，项目工期计划等；（3）项目建设场地供应情况和周边基础设施的配套情况；（4）潜在投标人技术、管理能力、信用情况等；（5）材料设备市场供应能力；（6）合同范本；（7）招标策划书。

（二）内容

1. 招标公告

按现行有关规定，招标公告的基本内容包括：（1）招标条件。包括招标项目的名称、项目审批、核准或备案机关名称及批准文件编号，招标人的名称，项目资金来源和出资比例，阐明该项目已具备招标条件，招标方式为公开招标。(2) 招标项目的建设地点、规模、计划工期、招标范围、标段划分等。(3) 对投标人的资质等级与资格要求。申请人应具备的资质等级、类似业绩、安全生产许可证、质量认证体系，以及对财务、人员、设备、信誉等方面的要求。(4) 招标文件或资格预审文件获取的时间、地点、方式、招标文件的售价，图纸押金等。(5) 投标文件递交的截止时间、地点。(6) 公告发布的媒体。依法必须招标项目的招标公告应当在国家指定的媒体发布，对于不属于必须招标的项目，招标人可以自由选择招标公告的发布媒介。(7) 联系方式，包括招标人和招标代理机构的联系人、地址、邮编、电话、传真、电子邮箱、开户银行和账号。(8) 其他。

此外，招标人采用邀请招标方式的，应当向 3 个以上具备承担招标项目能力、资信良好的特定法人或其他组织发出投标邀请书。投标邀请书的内容和招标公告的内容基本一致，但无须说明发布公告的媒介，需增加要求潜在投标人确认是否收到了投标邀请书的内容。

公开招标的项目，招标人采用资格预审办法对潜在投标人进行资格审查的，应当发布资格预审公告、编制资格预审文件。资格预审公告的基本内容和招标公告的内容基本一致，只需增加资格预审方法，表明是采用合格制还是有限数量制；资格预审结束后，向投标人发送资格预审合格通知书的同时发送投标邀请书。

2. 资格审查

为了保证潜在投标人能够公平地获取投标竞争的机会，确保投标人满足招标项目的资格条件，同时避免招标人和投标人不必要的资源浪费，招标人应当对投标人资格进行审查。资格审查分为资格预审和资格后审两种。

资格预审是指招标人采用公开招标方式，在投标前按照有关规定程序和要求公布资格预审公告和资格预审文件，对获取资格预审文件并递交资格预审申请文件的潜在投标人进行资格审查。一般适用于潜在投标人较多或者大型、技术复杂的工程项目。

资格预审主要审查潜在投标人或者投标人是否符合下列条件：① 具有独立订立合同的权利；② 具有履行合同的能力，包括专业、技术资格和能力，资金、设备和其他物质设施状况，管理能力、经验、信誉和相应的从业人员；③ 没有处于被责令停业，投标资格被取消，财产被接管、冻结、破产状态；④ 在最近3年内没有骗取中标和严重违约及重大工程质量问题；⑤ 法律、行政法规规定的其他资格条件等。

资格审查时，招标人不得以不合理的条件限制、排斥潜在投标人或投标人，不得对潜在投标人或者投标人实行歧视待遇。任何单位和个人不得以行政手段或其他不合理方式限制投标人的数量。

资格预审的程序：① 编制资格预审文件；② 发布资格预审公告；③ 出售资格预审文件；④ 对资格预审文件的澄清、修改；⑤ 潜在投标人编制并递交资格预审申请文件；⑥ 组建资格审查委员会；⑦ 资格审查委员会对资格预审申请文件进行评审并编写申请人须知编制资格评审报告；⑧ 招标人审核资格评审报告，确定资格预审合格申请人；⑨ 向通过资格预审的申请人发出投标邀请书 (代资格预审合格通知书)，并向未通过资格预审的申请人发出资格预审结果，资格预审申请文件格式的书面通知。

3. 招标文件编制

(1) 编制招标文件应遵循的原则和要求

招标文件的编制必须遵守国家有关招标投标的法律、法规和部门规章的规定，应遵循下列原则和要求：① 招标文件必须遵循公开、公平、公正的原则，不得以不合理的条件限制或者排斥潜在投标人，不得对潜在投标人实行歧视待遇。② 招标文件必须遵循诚实信用的原则，招标人向投标人提供的工程项目情况，特别是工程项目的审批、资金来源和落实等情况，都要确保真实和可靠。③ 招标文件介绍的工程项目情况和提出的要求，必须与资格预审文件的内容相一致。④ 招标文件的内容要能清楚地反映工程项目的规模、性质、商务和技术要求等内容，设计图纸应与技术规范或技术要求相一致，使招标文件系统、完整、准确。⑤ 招标文件规定的各项技术标准应符合国家强制性标准。⑥ 招标文件不得要求或者标明特定的专利、商标、名称、设计、原产地或材料、构配件等生产供应者，以及含有倾向或者排斥投标申请人的其他内容。如果必须引用某一生产供应者的技术标准才能准确或清楚地说明拟招标项目的技术标准时，则应当在参照后面加上"或相当于"的字样。⑦ 招标人应当在招标文件中规定实质性要求和条件，并用醒目的方式标明。

（2）招标文件的内容

按现行有关规定，招标文件的基本内容包括：① 招标公告或投标邀请书。采用资格预审的形式时，投标邀请书可代资格预审通过通知书，是用来邀请资格预审合格的投标人投标的；在邀请招标时，不发布招标公告，是用投标邀请书直接邀请潜在投标人参加投标。② 投标人须知。包括工程概况，招标范围，资格审查条件，工程资金来源或者落实情况，标段划分，工期要求，质量标准，现场踏勘和投标预备会，投标文件编制、提交、修改、撤回的要求，投标报价要求，投标有效期，开标的时间和地点等。③ 评标标准和评标方法，包括选择评标方法、确定评审因素和标准以及确定评标程序。④ 技术条款（含技术标准、规格、使用要求以及图纸等）。⑤ 投标文件格式。包括投标函、投标函附录、投标担保书、投标担保银行保函格式、投标文件签署授权委托书及招标文件要求投标人提交的其他投标资格格式。⑥ 拟签订合同主要条款及合同格式。一般分为通用条款和专用条款两部分。通用条款具有普遍适用性；专用条款是针对某一特定工程项目合同的具体规定，是对通用条款的补充和修改。⑦ 附件和其他要求投标人提供的材料。对不同类型项目招标文件的内容，有关部委结合行业的具体特点做出一些特殊规定。

对工程勘察设计招标文件，《工程建设项目勘察设计招标投标办法》规定，勘察设计招标文件应当包括下列内容：① 投标须知；② 投标文件格式及主要合同条款；③ 项目说明书，包括资金来源情况；④ 勘察设计范围，对勘察设计进度、阶段和深度的要求；⑤ 勘察设计基础资料；⑥ 勘察设计费用支付方式，对未中标人是否给予补偿及补偿标准；⑦ 投标报价要求及投标有效期；⑧ 对投标人资格审查的标准；⑨ 评标标准和方法。

对工程项目施工招标文件，《工程建设项目施工招标投标办法》规定，招标人根据施工招标项目的特点和需要编制招标文件。招标文件一般包括下列内容：① 投标邀请书；② 投标人须知；③ 合同主要条款；④ 投标文件格式；⑤ 采用工程量清单招标的，应当提供工程量清单；⑥ 技术条款；⑦ 设计图纸；⑧ 评标标准和方法；⑨ 投标辅助材料。招标人应当在招标文件中规定实质性要求和条件，并用醒目的方式标明。

招标人应当在招标文件中规定实质性要求和条件，说明不满足其中任何一项实质性要求和条件的投标将被拒绝，并用醒目的方式标明；没有标明的要求和条件在评标时不得作为实质性要求和条件。对于非实质性要求和条件，应规定允许偏差的最大范围、最高项数以及对这些偏差进行调整的方法。

国家对招标货物的技术、标准、质量等有特殊要求的，招标人应当在招标文件中提出相应的特殊要求，并将其作为实质性要求和条件。

（3）招标文件的发放

招标代理机构应当以书面的形式通知选定的符合资质条件的投标申请人领取招标文件，书面通知中应包括获取招标文件的时间、地点和方式。

4. 现场踏勘与答疑

（1）现场踏勘

招标人组织现场踏勘和招标文件答疑会，应特别注意的是，不得向任何单位和个人透露参加现场踏勘和出席交底答疑会的投标人的情况。签到应采取分别签到记录。

（2）答疑或投标预备会

投标人对有需要解释的问题，以书面形式在招标文件或招标人规定的时间内向招标人提出。招标人对有必要解释说明的问题以补充招标文件的形式发放给投标人。

5. 组织评标委员会

招标人或招标代理机构根据招标建筑工程项目特点和需要组建评标委员会，一般工程项目按照当地有关规定执行。大型公共建筑工程或具有一定社会影响的建筑工程，以及技术特别复杂、专业性要求特别高的建筑工程等情况，经主管部门批准，招标人可以从设计类资深专家库中直接确定，必要时可以邀请外地或境外资深专家参加评标。评标委员会成员名单在中标人确定前应当保密。

6. 接受投标有关文件

在投标过程中，全过程工程咨询单位主要的工作内容是接收中标人提交的投标文件和投标保证金等，并审核投标文件和投标保证金是否符合招标文件和有关法律法规的规定。

7. 开标

（1）开标应当在招标文件确定的提交投标文件截止时间的同一时间公开

进行，开标地点应当为招标文件中预先确定的地点。(2)开标时，由中标人或者其推选的代表检查投标文件的密封情况，也可以由投资人委托的公证机构检查并公证；经确认无误后，由工作人员当众拆封，宣读中标人名称、投标价格和投标文件的其他主要内容。

8.清标

在全过程工程咨询服务中，针对项目的需要，专业咨询工程师(招标代理)在开标后、评标前对投标报价进行分析，编制清标报告成果文件。清标报告应包括清标报告封面、清标报告的签署页、清标报告编制说明、清标报告正文及相关附件。及时检查评标报告内容是否完整和符合有关规定，然后提交总咨询师和投资人复核确认。

清标报告正文宜阐述清标的内容、清标的范围、清标的方法、清标的结果和主要问题等。一般应主要包括：(1)算术性错误的复核与整理，不平衡报价的分析与整理，错项、漏项、多项的核查与整理。(2)综合单价、取费标准合理性分析和整理。(3)投标报价的合理性和全面性分析与整理，投标文件中含义不明确、对同一问题表述不一致、明显的文字错误的核查与整理等。(4)投标文件和招标文件是否吻合；招标文件是否存在歧义问题，是否需要组织澄清等问题。

9.评标

(1)投资人或其委托的全过程工程咨询单位应依法组建的评标委员会，与中标人有利害关系的人不得进入相关项目的评标委员会。(2)评标委员会可以要求中标人对投标文件中含义不明确的内容做必要的澄清或者说明，但澄清或者说明不得超出投标文件的范围或者改变投标文件的实质性内容(如有时)。(3)评标委员会应当按照招标文件确定的评标标准和方法，对投标文件进行评审和比较，设有标底的，应当参考标底。评标委员会完成评标后，应当向投资人提出书面评标报告，并推荐合格的中标候选人。

10.定标(发中标通知书)

(1)根据评标委员会提出的书面评标报告和推荐的中标候选人确定中标人。投资人也可以授权评标委员会直接确定中标人。(2)中标人确定后，投资人应当向中标人发出中标通知书，并同时将中标结果通知所有未中标的投标人。(3)中标通知书对投资人和中标人具有法律效力。中标通知书发出后，投资人改变中标结果的，或者中标人放弃中标项目的，应当依法承担法律责任。

全过程咨询机构到相关行政监督部门将定标结果进行备案（或按项目所在地规定）并公示中标候选人。

11. 签订合同

根据招投标法，投资人和中标人应当自中标通知书发出之日起三十日内，按照招标文件和中标人的投标文件订立书面合同。全过程工程咨询单位应协助投资人进行合同澄清、签订合同等工作，同时根据投资人的需求和项目需要，可协助投资人进行合同谈判、细化合同条款等内容。投资人和中标人不得再行订立背离合同实质性内容的其他协议。

二、招标采购阶段投资管控

招标采购阶段投资管控作为建设项目全过程投资管控的重要组成部分，是工程投资事前控制的主要手段，不仅为施工阶段和工程竣工结算阶段的投资管控奠定了基础，而且对于提升建设项目投资管理水平和投资控制效果具有十分重要的意义。

招标采购阶段，是确定合同价款的一个重要阶段，它通过施工图实际算量，已经比较接近工程的实际造价和对建筑成品已经能初步体现，对后期工程竣工结算有直接的影响。

（一）工程量清单编制与审核

1. 依据

（1）《建设工程工程量清单计价规范》；（2）《建设项目全过程造价咨询规程》；（3）国家或省级、行业建设主管部门颁发的计价定额和办法；（4）建设工程设计文件；（5）与建设项目有关的标准、规范、技术资料；（6）招标文件及其补充通知、答疑纪要；（7）施工现场实际情况、地勘水文资料、工程特点及常规施工方案；（8）其他相关资料。

2. 内容

（1）分部分项工程量清单编制

分部分项工程量清单是指表示拟建工程分项实体工程项目名称和相应数量的明细清单，应该包括项目编码、项目名称、项目特征、计量单位和工程量五个部分。

补充项目为附录中未包括的项目，有补充项目时，编制人应作补充，并报省级或行业工程造价管理机构备案，省级或行业工程造价管理机构应汇总报住房城乡建设部标准定额研究所。

（2）措施项目清单编制

措施项目清单是未完成工程项目施工，发生于该工程施工前、施工过程中技术、生活、文明、安全等方面的非实体工程实体项目清单。编制时需考虑多方面的因素，除工程本身，还涉及气象、水文、环境、安全等因素。措施项目清单应根据拟建工程的实际情况列项，若清单计价规范中存在未列项目，可根据实际情况进行补充。

措施项目清单的编制依据：① 拟建工程的施工组织设计；② 拟建工程的施工技术方案；③ 与拟建工程相关的工程施工规范和工程验收规范；④ 招标文件；⑤ 设计文件。

措施项目清单的确定要按照以下要求：① 参考拟建工程的施工组织设计，以确定环境保护、安全文明施工、二次搬运等项目。② 参考施工技术方案，以确定夜间施工、混凝土模板与支架、施工排水、施工降水、垂直运输机械、大型机械设备进出场及安拆、脚手架等项目。③ 参考相关施工规范与工程验收规范，以及技术方案没有表述但为了实现施工规范和验收规范要求而必须发生的技术措施。④ 确定设计文件中一些不足以写进技术方案的，但要通过一定的技术措施才能实现的内容。⑤ 确定招标文件中提出的某些必须通过一定的技术措施才能实现的要求。

（3）其他项目清单编制

其他项目清单是指除分部分项工程量清单、措施项目清单所包含的内容以外，因招标人的特殊要求而发生的与拟建工程有关的其他费用项目和相应数量的清单。其影响因素包括工程建设标准的高低、工程的复杂程度、工程的工期长短、工程的组成内容、发包人对工程管理的要求等。其他项目清单的内容包括暂列金额、暂估价、计日工和总承包服务费，未包含项目需要补充：①暂列金额指招标人在工程量清单中暂定并包括在合同价款中的一笔款项。用于施工合同签订时尚未确定或者不可预见的所需材料、设备、服务的采购，施工中可能发生的工程量变更、合同约定调整因素出现时的工程价款调整以及发生的索赔、现场签证等费用。暂估价是指招标人在工程量清单中提供的用于支付必然发生但暂时不能确定价格材料的单价以及专业工程的金额。②在工程实施中，暂列金额、暂估价所包含的工作范围和图纸、标准深化固定后，按照工程专业、设备、材料类别等分类汇总的金额，达到法定招标范围标准的，应由招标人同中标人联合招标，确定承包人和承包价格。③在工程实施中，暂列金额、暂估价所包含的工作范围和图纸、标准深化固定后，按照工程专业、设备、材料类别等分类汇总的金额，未达到法定招标范围标准但适用政府采购规定的，应按照政府采购规定确定承包人和承包价格。④在工程实施中，暂列金额、暂估价所包含的工作范围和图纸、标准深化固定后，按照工程专业、设备、材料类别等分类汇总的金额，未达到法定招标范围标准也不适用政府采购规定，承包人有法定的承包资格的，由承包人承包，承包人无法定的承包资格但有法定的分包权的，由承包人分包，招标人同承包人结算的价格按招投标文件相关规定确定。⑤在工程实施中，暂列金额、暂估价所包含的工作范围和图纸、标准深化固定后，按照工程专业、设备、材料类别等分类汇总的金额，未达到法定招标范围标准也不适用政府采购规定，承包人既无法定的承包资格又无法定的分包权的，由招标人另行发包。⑥在工程实施中，暂列金额、暂估价所包含的工作范围由其他承包人承包的，纳入项目总承包人的管理和协调范围，由其他承包人向项目总承包人承担质量、安全、文明施工、工期责任，项目总承包人向招标人承担责任。

（4）规费、税金项目清单编制

规费项目清单应包括工程排污费、社会保障会（养老保险、失业保险、医疗保险）、住房公积金、危险作业意外伤害保险费，税金项目清单包括营业税、城市建设维护税、教育费附加。

3.注意事项

在编制工程量清单时，应当做好以下工作：（1）充分理解招标文件的招标范围，协助投资人完善设计文件。（2）认真察看现场，措施项目应该与施工现场条件和项目特点相吻合。（3）工程量清单应表达清晰，满足投标报价要求。（4）在工程量清单中应明确相关问题的处理及与造价有关的条件的设置，如暂估价；工程一切险和第三方责任险的投保方、投保基数及费率及其他保险费用；特殊费用的说明；各类设备的提供、维护等的费用是否包括在工程量清单的单价与总额中；暂列金额的使用条件及不可预见费的计算基础和费率。(5)工程量清单的编制人员要结合项目的目的要求、设计原则、设计标准、质量标准、工程项目内外条件及相关资料和信息全面兼顾进行，不能仅仅依靠施工图进行编制，还应分析研究施工组织设计、施工方案，只有这样才可以避免由于图纸设计与实际要求不吻合造成的设计变更。

(二) 招标控制价编制与审核

1. 依据

(1)《建设工程工程量清单计价规范》《建设项目全过程造价咨询规程》；(2)国家或省级、行业建设主管部门颁发的计价依据和办法；(3)经过批准和会审的全部建设工程设计文件及相关资料，包括施工图纸等；(4)与建设项目有关的标准、规范、技术资料；(5)招标文件及其补充通知、答疑纪要；(6)施工现场情况、工程特点及常规施工方案；(7)批准的初步设计概算或修正概算文件；(8)工程造价管理机构发布的工程造价信息及市场价格；(9)招标控制价编制委托代理合同；(10)其他相关资料。

对于实际工程项目编制招标控制价的依据，采用编制前期准备工作中所收集的相关资料和文件作为依据。

2. 注意事项

(1)编制招标控制价应与招标文件(含工程量清单和图纸)相吻合，并结合施工现场情况确定，确保招标控制价的编制内容符合现场实际情况，以免造成招标控制价与实际情况脱离。(2)招标控制价确定既要符合相关规定，也要有可靠的信息来源，又要与市场情况相吻合。(3)措施项目费用的计取范围、标准必须符合规定，并与拟定的合适的施工组织设计和施工方案相对应。(4)在编制招标控制价时，要有对招标文件进行进一步审议的思路，对存在的问题及时反馈处理，避免合同履行时的纠纷或争议等问题。

(三) 合同价款的约定

1. 签约合同价与中标价的关系

(1)签约合同价是指合同双方签订合同时在协议书中列明的合同价格；

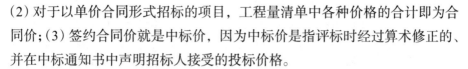

（2）对于以单价合同形式招标的项目，工程量清单中各种价格的合计即为合同价；（3）签约合同价就是中标价，因为中标价是指评标时经过算术修正的、并在中标通知书中声明招标人接受的投标价格。

2. 合同价款约定的规定和内容

（1）合同签订的时间及规定

招标人和中标人应当在投标有效期内自中标通知书发出之日起 30 天内按招标文件和投标文件订立合同。

① 中标人违约

中标人无正当理由拒签合同的，招标人取消其中标资格，其投标保证金不予退还；给招标人造成的损失超过投标保证金数额的，中标人还应当对超过部分予以赔偿。

② 招标人违约

发出中标通知书后，招标人无正当理由拒签合同的，招标人向中标人退还投标保证金；给中标人造成损失的，还应当赔偿损失。

招标人与中标人签订合同后 5 日内，应当向中标人和未中标的投标人退还投标保证金及银行同期存款利息。

（2）合同价款类型的选择

招标的工程：价款依据招投标文件在书面合同中约定。不得违背招投标文件中关于工期、造价、质量方面的实质性内容。招标与投标文件不一致，以投标文件为准。

不招标的工程：招标投标双方认可的合同价款基础上，在合同中约定：① 鼓励采用单价方式：实行工程量清单计价的建筑工程；② 总价方式：技术难度较低、工期较短的建设工程；③ 成本加酬金方式：紧急抢险、救灾以及施工技术特别复杂的建设工程。

（四）其他

1. 中标后，对中标人投标书的复核

评标结果出来，当初步确定中标人后，需要对中标人投标书的复核或进行清标工作。

2. 清标

(1) 清标的定义和目的

所谓清标，就是通过采用核对、比较、筛选等方法，对投标文件进行的基础性的数据分析和整理工作。

其目的是找出投标文件中可能存在异议或者显著异常的数据，为初步评审以及详细评审中的质疑工作提供基础。技术标和商务标都有进行清标的必要，但一般清标主要是针对商务标（投标报价）部分。

清标也是国际上通行的做法，在现有建设工程招标投标法律法规的框架体系内，清标属于评标工作的范畴。

清标的实质是通过清标专家对投标文件客观、专业、负责的核查和分析，找出问题、剖析原因，给出专业意见，供评标专家和投资人参考，以提高评标质量，并为后续的工程项目管理提供指引。

(2) 清标工作组的组成

清标应该有清标工作组完成，也可以由招标人依法组建的评标委员会进行，招标人也可以另行组建清标工作组负责清标。清标工作组应该由招标人选派或者邀请熟悉招标工程项目情况和招标投标程序、专业水平和职业素质较高的专业人员组成，招标人也可以委托工程招标代理单位、工程造价咨询单位或者监理单位组织具备相应条件的人员组成清标工作组。清标工作组人员的具体数量应该视工作量大小确定，一般建议应该在 3 人以上。

(3) 清标工作的原则

清标工作是评标工作的基础性工作。清标工作是仅对各投标文件的商务标投标状况做出客观性比较，不能改变各投标文件的实质性内容。清标工作应当客观、准确、力求全面，不得营私舞弊、歪曲事实。

清标小组的任何人员均不得行使依法应当由评标委员会成员行使的评审、评判等权力。

清标工作组同样应当遵守法律、法规、规章等关于评标工作原则、评标保密和回避等国家相关关于评标委员会评标的法律规定。

(4) 清标工作的主要内容

①算术性错误的复核与整理；②不平衡报价的分析与整理；③错项、漏项、多项的核查与整理；④综合单价、取费标准合理性分析与整理；⑤投

标报价的合理性和全面性分析与整理；⑥形成书面的清标情况报告。

（5）清标的重点

①对照招标文件，查看投标人的投标文件是否完全响应招标文件。②对工程量大的单价和单价过高或过低于清标均价的项目要重点查。③对措施费用合价包干的项目单价，要对照施工方案的可行性进行审查。④对工程总价、各项目单价及要素价格的合理性进行分析、测算。⑤对投标人所采用的报价技巧，要辩证地分析判断其合理性。⑥在清标过程中如发现清单存在不严谨的问题，应妥善进行处理。

（6）清标报告的内容

清标报告是评标委员会进行评审的主要依据，它的准确与否将可能直接影响评标委员会的评审结果和最终的中标结果，因此，至关重要。清标报告一般应包括如下内容：①招标工程项目的范围、内容、规模等情况；②对投标价格进行换算的依据和换算结果；③投标文件算术计算错误的修正方法、修正标准和建议的修正结果；④在列出的所有偏差中，建议作为重大偏差的情形和相关依据；⑤在列出的所有偏差中，建议作为细微偏差的情形和进行相应补正所依据的方法、标准；⑥列出投标价格过高或者过低的清单项目的序号、项目编码、项目名称、项目特征、工程内容、与招标文件规定的标准之间存在的偏差幅度和产生偏差的技术、经济等方面原因的摘录；⑦投标文件中存在的含义不明确、对同类问题表述不一致或者有明显文字错误的情形；⑧其他在清标过程中发现的，要提请评标委员会讨论、决定的投标文件中的问题。

3. 合同洽谈及签订

全过程工程咨询单位应协助投资人进行合同澄清、洽谈、细化合同条款等工作，投资人和中标人应当自中标通知书发出之日起三十日内，按照招标文件和中标人的投标文件订立书面合同。

第三节　工程总承包模式的发承包咨询服务

一、工程总承包模式发承包概述

《国务院办公厅关于促进建筑业持续健康发展的意见》明确提出："完善工程建设组织模式，加快推行工程总承包。"所谓工程总承包（英文简称 EPC），是指从事工程总承包的单位按照与投资人签订的合同，对工程项目的设计、采购、施工等实行全过程或者若干阶段承包，并对工程的质量、安全、工期和造价等全面负责的工程建设组织实施方式。

工程总承包模式是国际上常用的工程项目的承发包模式之一，它可以从根本上解决传统承发包模式下设计和施工不协调而造成的弊端，由承包人承担工程项目的勘察、设计、采购、施工、试运行等全过程的工作，从而保证项目建设过程的流畅性和协作性。然而，它对投资人的要求也更加严格，要求投资人必须提出明确的建设需求和建设目标，项目具备相应的发包条件。本节简要阐述在工程总承包模式下，全过程工程咨询单位如何开展发承包阶段咨询服务工作。

二、工程总承包模式发承包介入时点分析

（一）介入时点分析

根据《住房和城乡建设部关于进一步推进工程总承包发展的若干意见》的规定，投资人可以根据项目的特点，在可行性研究、方案设计或者初步设计完成后，按照确定的建设规模、建设标准、投资限额、工程质量和进度要求等进行工程总承包项目发包。全过程工程咨询单位为 EPC 项目提供发承包咨询服务，根据拟建项目的时间情况选定具体时点，以保证发承包双方准备充分、招投标流程的顺利实施。

（二）介入时点选择的影响要素分析

1.行业规范成熟度对工程总承包模式介入时点的影响

各地实施工程总承包的相关管理办法中，大致可分为两大介入时点，

即项目可行性研究（估算）完成或初步设计（概算）完成。该类原则的设定来源于生产类（工业）项目采用工程总承包模式的情形。

土木工程（包括道路、轨道交通、城市道路、桥涵、隧道、水工、矿山、架线与管沟、其他土木工程）的建设目标、功能需求非常明确，技术方法相对成熟，而潜在承包人的经验如果能主动用到项目的实施阶段，将更有利于项目的节约、高效实施以及品质的提升。

除居住建筑外的民用建筑，建设功能复杂多样；使用需求千差万别；投资人和产权人角色可能不一致，存在在项目建成后才确定产权人的情况；导致产品标准化程度不高，个性化特征明显，规范程度相对有限，即使信任水平再高，也存在风险难以把控、标准难以统一的情况。因此，介入时点的选择应在初步设计之后完成。

2. 项目自身特点对工程总承包模式介入时点的影响

（1）项目目标的明确性

投资人对于项目目标的明确程度不同，导致招标会在不同的时点进行。如果投资人在前期决策阶段对于项目的目标、规模、标准都很明确，就可以选择在可行性研究之后进行招标。但如果条件不明确，则需要考虑在初步设计完成后，项目的建设规模和标准确定之后进行招标。

（2）项目的约束性

通常工程总承包项目会受到工期、成本、质量和空间等条件的约束。这些约束条件是否明确以及它们是否合理，是导致工程总承包模式介入时点不同的重要原因。一旦在可行性研究阶段项目的约束条件明确且合理，根据类似项目的历史资料，投资人可以选择在可研之后进行招标。但是，如果项目的约束条件模糊或者约束条件苛刻，投资人则需要通过完成初步设计来明确和落实项目约束条件的可行性，来保证项目在此约束条件下能够顺利完成，吸引总承包进行投标。

（3）项目的风险性和管理复杂性

如果项目参照类似已完工程，能够明确未来可能发生的风险，会降低未来投资人和承包人进行项目管理的复杂性，可以选择在可研之后的招标介入时点。如果项目未来不确定性很强且风险不可控，则对发承包双方的管理能力要求很高。因此，投资人完成项目的初步设计后进行招标，以满足双方对于未来风险预估和项目可控的要求。

3. 投资人控制能力对工程总承包模式介入时点的影响

作为工程项目的重要一方，投资人对于本项目的要求以及项目特点的了解是工程总承包项目前期决策和准备的重要工作。如果投资人在项目的决策阶段和可行性研究阶段，对项目的功能要求和建筑实体有明确的规划，就可以选择提早进行总承包人的招标，将明确的投资人要求写进招标文件中，以保证承包人能够在考虑项目需求结合自身能力的基础上进行投标。

4. 承包人管理能力对工程总承包模式介入时点的影响

工程总承包人是工程总承包项目的重要执行者，在行业内总承包人的能力和信誉是投资人选择招标介入时点的一个重要因素，总承包人不仅要使项目能够满足投资人的要求，更要保证工程可以成功实施。以公路工程为例，该行业内的工程总承包人都有丰富的公路工程经验，对于公路工程的实施和管理有着很强的控制能力。因此，投资人在选择何时进行招标时，可以根据承包人的信誉和业绩来选择更有能力和更有经验的承包人来帮助自己完成线路优化，并结合承包人积累的历史数据完成设计、管理和施工，保证项目的成功完成。

三、工程总承包模式发承包条件

(一) 工程总承包项目招标的前期准备是必须完成的基本建设程序

经梳理和归纳，按照国家及本市有关规定的政策文件对工程总承包项目招标条件的规定是明确的，包括：项目建议书已完成审批、核准或者备案手续，建设资金来源已经落实，可行性研究报告及投资估算已取得国家有关部门批复、核准或备案文件等；可在实际实施过程中，存在后置审批情况，建议进一步规范实施行为，有效发挥 EPC 模式的积极作用。

(二) 工程总承包项目招标的前期准备是项目自身必须具备的条件

各地方的招标条件中，除了对工程总承包项目不同招标介入时点下的必要流程进行了规定，同时部分省市也对工程总承包项目自身的条件进行规定，包括细化建设规模、细化建设标准、划分工作责任等。这里对于工程总承包项目不同介入时点下项目前期准备工作的研究，不仅包括项目的基本建设程序，而且包括项目的自身条件，为工程总承包模式下，投资人做好招标的前置条件提供了标准和规范，保证在不同介入时点下工程总承包项目招标过程的顺利进行。

全过程工程咨询单位应积极发挥专业作用，在工程总承包项目前协助投资人做好前期工作，深入研究工程项目建设方案，在可行性研究、方案设计或者初步设计完成后，在项目承发包范围、建设规模、建设标准、功能需求、投资限额、工程质量和进度要求确定后，进行工程总承包项目发承包。若项目建设范围、建设规模、建设标准、功能需求不明确等，前期条件不充分的，不宜采用工程总承包方式和开展工程总承包发包工作。

四、工程总承包模式发承包咨询

(一) 发包方式选择

工程总承包项目可以依法采用招标（公开招标、邀请招标）或者直接发包的方式选择工程总承包人。工程总承包项目范围内的设计、采购或者施工中有任意一项属于依法必须招标的，应当采用招标的方式选择工程总承包单位。

(二) 招标文件编制

工程总承包项目由于其发标前具备的准备条件，与传统的项目发承包模式所具备的条件不同，全过程工程咨询单位在编制招标文件时，应重点关注下列内容：(1) 发包前完成的水文、地勘、地形等勘察和地质资料的整理供承包人参考，收集工程可行性研究报告、方案设计文件或者初步设计文件等基础资料，确保其完整性和准确性；(2) 招标的内容及范围，主要包括设计、采购和施工的内容及范围、规模、标准、功能、质量、安全、工期、验收等量化指标；(3) 投资人与中标人的责任和权利，主要包括工作范围、风险划分、项目目标、价格形式及调整、计量支付、变更程序及变更价款的确定、索赔程序、违约责任、工程保险、不可抗力处理条款、投资人指定分包内容等；(4) 要求利用采用建筑信息模型或者装配式技术等新技术的，在招标文件中应当有明确要求和费用的分担。

(三) 评标办法

工程总承包项目评标一般采用综合评估法，评审的主要因素包括承包人企业信用、工程总承包报价、项目管理组织方案、设计方案、设备采购方案、施工组织设计或施工计划、工程质量安全专项方案、工程业绩、项目经理资格条件等。全过程工程咨询单位应结合拟建项目情况，针对上述主要评审因素进行认真研究，科学制订项目的评标办法和细则。

(四) 合同计价方式

工程总承包项目宜采用固定总价合同。全过程工程咨询单位应依据住房城乡建设主管部门制定的计价规则，为投资人拟订合法科学的计价方式和条款，并协助投资人和总承包人在合同中约定具体的工程总承包计价方式和计价方法。

依法必须招标的工程项目，合同固定价格应当在充分竞争的基础上合理确定。除合同约定的变更调整部分外，合同固定价格一般不予调整。

(五) 风险分担

全过程工程咨询单位应协助投资人加强风险管理，在招标文件、合同中约定合理的风险分担方法。投资人承担的主要风险一般包括：(1) 投资人提出的建设范围、建设规模、建设标准、功能需求、工期或质量要求的调整；(2) 主要工程材料价格和招标时基价相比，波动幅度超过合同约定幅度的部分；(3) 因国家法律法规政策变化引起的合同价格的变化；(4) 难以预见的地质自然灾害、不可预知的地下溶洞、采空区或障碍物、有毒气体等重大地质变化，其损失和处置费由投资人承担；因工程总承包单位施工组织、措施不当等造成的上述问题，其损失和处置费由工程总承包单位承担；(5) 其他不可抗力所造成的工程费用的增加。

除上述投资人承担的风险外，其他风险可以在合同中约定由工程总承包人承担。

第四章　全过程工程竣工阶段咨询服务管理

第一节　竣工阶段咨询服务策划

一、竣工阶段工程咨询服务概述

(一) 合格的建设项目产品

通过施工阶段完成的合格建筑物、构筑物及构配件和其他设施，满足规模目标、功能目标、需求目标、使用目标的要求。

(二) 竣工验收报告

竣工验收报告是指工程项目竣工之后，由相关部门成立的专门验收机构组织专家进行质量评估验收以后形成的书面报告。同时，竣工验收报告也是体现建筑产品是否达到或满足规模目标、功能目标、需求目标、使用目标的重要依据。

(三) 档案资料

档案资料是指在项目建设、管理过程中形成的，具有保存价值的各种形式的历史记录和存档依据。若当施工阶段中缺乏工程档案或者资料，则会不利于在各项工程建设中施工与管理的进行，并且对于后期的维护、改建以及扩建造成很大影响。因此，档案资料是建设项目运营阶段中运维管理、项目后评价和设施管理等工作的重要依据和基础。

(四) 编制 (审核) 竣工结算报告

竣工结算是承包人按照合同约定的内容完成全部工作，经投资人和有关机构验收合格后，发承包双方依据约定的合同价款以及索赔等事项，最终计算和确定竣工项目工程价款的文件。经发承包双方确认的竣工结算文件是发包方最终支付工程款的依据，也是核定新增固定资产和工程项目办理交付使用验收的依据；竣工结算一般由承包人或其委托有资质的造价咨询机构编制，由投资人委托有资质的全过程工程咨询单位审查，竣工结算审定成果文件应由结算编制人（承包人）、结算审查投资人（投资人）、结算审查受托人共同签署。

(五) 编制 (审核) 竣工决算报告

工程竣工决算是投资人在项目准备、验收和使用过程中实际支付的所有建设费用。竣工决算是整个建设项目的最终价格，是作为投资人财务部门汇总固定资产的主要依据。

二、竣工阶段咨询服务策划

(一) 策划依据

(1)《中华人民共和国建筑法》；

(2)《建设工程质量管理条例》；

(3)《国务院关于修改部分行政法规的决定》；

(4)《建筑工程施工质量验收统一标准》；

(5)《建设项目工程结算编审规程》；

(6)《建设工程造价咨询规范》；

(7)《中华人民共和国档案法》；

(8)《关于编制基本建设工程竣工图的几项暂行规定》；

(9)《基本建设项目档案资料管理暂行规定》；

(10)《建设项目 (工程) 竣工验收办法》；

(11)《市政工程施工技术资料管理规定》；

(12)《科学技术档案案卷构成的一般要求》；

(13)《建设工程监理规范》；

(14)《建设工程文件归档整理规范》；

(15)《照片档案管理规范》；

(16)《声像档案建档规范》；

(17)《技术制图复制图的折叠方法》；

(18)《基本建设项目档案资料管理暂行规定》；

(19)《国家重大建设项目文件归档要求与档案整理规范》；

(20) 与工程竣工阶段相关的其他政策性、成果性文件。

(二) 策划内容

全过程工程咨询单位应建立项目竣工阶段管理制度，明确项目竣工阶段管理的职责和工作程序。在此基础上，将建设项目竣工管理的内容概括为竣工验收、竣工结算、竣工资料管理、配合移交、决算、备案及保修期的管理工作。依据《建设工程项目管理规范》，全过程工程咨询单位在竣工阶段项目管理工作主要包括：

(1) 编制项目竣工阶段验收计划；

(2) 提出有关竣工阶段管理要求；

(3) 理顺、终结所涉及的对外关系；

(4) 执行相关标准与规定；

(5) 清算合同双方在合同范围内的债权债务。

进入竣工验收阶段后，总承包商制定详细的竣工验收计划，各专业分承包商应根据总承包商竣工验收计划的安排，确保建设项目的内容按计划具备验收条件，并发给总承包项目经理部门。在完成验收计划后，我们将为建设项目竣工验收计划编制拆分计划，包括各项工作完成时间、需提供的条件、需全过程工程咨询单位、投资人等解决的问题等，以便总包项目经理部统筹安排，确保检验工作按期完成。

(三) 策划流程

1.竣工验收管理

项目的竣工验收是考核和检查建设工程是否符合设计要求和工程质量的关键环节，是资产转入生产的标志。该阶段主要包括验收的程序、验收的依据和条件以及验收的组织管理。

2.竣工结算管理

在项目竣工验收条件具备后，施工单位应按合同约定和工程价款结算的规定，及时编制并向投资人提交项目竣工结算报告及完整的结算资料，投资人组织监理单位、咨询单位进行结算审查，同时，还应完成政府审计工作。

投资人应督促监理单位、施工单位建立健全竣工资料管理制度，注意在施工过程中及时完成各类资料的签署、收集、归档工作，制定竣工资料形成、收集、整理、交接、立卷、归档的管理程序，实行"科学收集、定向移交、统一归口、按时交接"的原则，保证竣工资料完整、准确、体统和规范，便于存取和检索。

3.竣工移交管理

项目竣工移交包括竣工档案移交和项目实体移交两大部分。其中，项目档案资料是在整个建设项目从酝酿、决策到建成投产（使用）的全过程中形成的、应当归档保存的文件，包括建设项目的提出、调研、可行性研究、评估、决策、计划、勘测、设计、施工调试、生产准备、竣工试生产（使用）等活动中形成的文字材料、图纸、图表、计算材料、声像材料等形式与载体的文件材料。在项目实施过程中，应注意相关材料的存档工作。等到验收通过后，及时整理、建档、立卷等，确保竣工档案的按时移交。项目实体移交包括建设项目实体、配套的通用设备和专用设备等，施工单位应按时移交工程成品，并建立交接记录，完善交工手续。

4.竣工决算管理

项目竣工决算是由投资人编制的项目从筹建到竣工投产全过程的全部实际支出费用的经济文件。竣工决算综合反映项目建设成果和财务情况，是竣工验收报告的主要组成部分。按国家有关规定，所有新建、扩建、改建的项目竣工后都要编制竣工决算。

在此基础上，竣工决算包括竣工决算的编制和竣工决算的审核。竣工决算的编制是以全过程工程咨询单位为主，在监理工程师和施工单位的配合下共同完成的，从项目筹建到竣工投产或使用全过程的全部实际支出费用的经济文件。依据财政部、国家发展和改革委员会以及住房和城乡建设部的有关文件规定，竣工决算由竣工财务的决算说明书和决算报表、工程竣工图和工程竣工造价对比分析四部分组成。前两部分又称建设项目竣工财务决算，这是竣工决算的核心内容。竣工决算咨询工作最终形成竣工决算成果文件提交给投资人。工程决算的审核是全过程工程咨询单位的责任。在审核过程中，全过程工程咨询单位的责任是提供真实完整的审查资料。工程造价咨询单位的责任是在全过程工程咨询单位提供资料的基础上进行审核，并负有相关审查责任。

5. 工程保修期管理

《中华人民共和国建筑法》《建设工程质量管理条例》中对于不同工程的保修期限做了具体的规定，施工单位在规定期限内必须履行相应的责任和义务。

（四）注意事项

竣工结算是施工企业争取自身劳务所得经济收益以及投资人确定投资所产生固定资产价值的过程性工作。在项目竣工验收条件具备后，施工单位应按合同约定和工程价款结算的规定，及时编制并向投资人递交项目竣工结算报告及完整的结算资料。在此阶段的结算效率问题，应该被工程项目参与各方视为最重要的管理目标，是该部分应关注的重点。

在竣工验收与结算的过程中，首要管理目标即是强调竣工结算的编审效率。为提升效率，应强调在施工阶段中产生的结算文件直接作为竣工阶段的依据。

《建设工程工程量清单计价规范》的出台在一定程度上否定了竣工图重算法，而提倡采取历次计量支付结果直接进入结算的结算规则。历次计量支付结果作为施工阶段产生的结算文件，应直接进入结算的结算规则是仿照FIDIC国际惯例的一般做法，并结合我国实际形成的新型结算规则，具有明显的"新常态"下的中国特色。

在此基础上，竣工决算环节全过程工程咨询单位的业务内容主要包括竣工决算的编制和竣工决算的审核两部分。竣工决算编制阶段的管理目标是通过竣工决算的编制，进行大量的统计分析而不是重新确定工程造价，反映建设项目经济效益的情况，使其可以准确作为项目法人核定各类新增资产价值、办理其交付使用的依据。通过竣工决算的编制，一方面能够正确反映建设工程的实际造价和投资结果；另一方面，可以通过竣工决策与概算、预算的对比分析，考核投资控制的工作成效。工程决算审核阶段的管理目标是对建设项目竣工决算的真实性、合法性、完整性进行审核，通过审核督促项目建设相关部分及管理部门加强项目管理和财务监督，提高资金使用效率。

竣工决算阶段主要内容为项目竣工决算的编制和项目竣工决算的审查。其中，竣工决算的编制由竣工财务决算说明书和决算报表、工程竣工图和工程竣工造价对比分析组成。前两部分又称建设项目竣工财务决算，是竣工决算核心内容。竣工财务决算说明书主要内容有建设项目概况、会计账务的处理、债务债权的清偿、基建结余资金上交分配情况、主要技术经济指标的分析；竣工财务决算报表主要有建设项目财务决算审批表、建设项目竣工工程概况表、建设项目竣工财务决算总表、建设项目交付使用资产总表、建设项目交付使用资产明细表。

第二节　项目竣工验收与结算管理

一、项目竣工验收管理

(一) 依据

(1) 现行国家法律、法规等；

(2)《建设工程质量管理条例》；

(3)《国务院关于修改部分行政法规的决定》；

(4)《建筑工程施工质量验收统一标准》；

(5) 国家有关行政主管部门对该项目的批复文件，包括可行性研究报告及批复文件、环境影响评价报告及批复文件、初步设计批复文件以及与项目建设有关的各种文件；

(6) 工程设计文件，包括初步设计或扩大初步设计、技术设计；

(7) 设备技术资料，主要包括设备清单及其技术说明；

(8) 与项目相关的标准规范，包括现行的工程施工及验收规范、工程质量检验评定标准等；

(9) 招标及合同文件；

(10) 全部竣工资料，包括全部工程的竣工图和说明；

(11) 设计变更、修改通知单；

(12) 现行设计、施工规范、规程和质量标准；

(13) 引进项目的合同和国外提供的技术文件。

(二) 内容

1. 竣工验收条件

《建设工程质量管理条例》规定投资人收到建设项目竣工报告后，应当组织全过程工程咨询单位 (勘察、设计、监理)、施工单位等有关单位进行竣工验收，工程经验收合格之后方可交付使用。

其中，《建设工程质量管理条例》规定，建设项目竣工验收应当具备下列条件：

(1) 完成建设工程设计和合同约定的各项内容；

(2) 有完整的技术档案和施工管理资料；

(3) 有工程使用的主要建筑材料、建筑构配件和设备的进场试验报告；

(4) 有勘察、设计、施工、工程监理等单位分别签署的质量合格文件；

(5) 有施工单位签署的工程保修书。

2. 竣工验收计划

建设项目竣工验收条件具备之后，全过程工程咨询单位应组织成立验收工作小组，组织监理单位和施工单位编制竣工验收计划，将其纳入企业施工生产计划执行和管理，自检合格的施工项目应填写工程竣工报告和竣工报验单，报投资人批准后使用。竣工验收计划的具体内容应包括验收内容、验收单位以及所需资料等。

3. 专项检测 (测量)

在建设项目竣工前，需进行各项检测，如桩基 (复合地基) 检测、幕墙三性检测、环境空气质量检测、水质监验 (二次供水)、卫生防疫检测、人防通风检测、防雷检测、消防设施检测、电器检测、锅炉、电梯、压力容器、压力管道委托检测及使用证办理等，检测结论报告在进行专项验收时提交。

在建设工程竣工后，还应经规划主管部门认可的测绘单位进行竣工测量，主要是为满足规划管理需要，在建设项目完成后，按照规划审批对项目实地进行测量，并形成工程竣工测量记录表。竣工测量的主要内容包括：室内地坪测量、间距测量、高度测量、建筑面积测量以及竣工地形图测绘，市政公共配套设施的位置、尺寸、规模，建筑工程的绿地率等。

此外，在竣工验收后还应及时完成房产面积测量，并向当地房产部门备案，以便房产证的办理。

4. 验收内容

（1）专项工程验收

竣工阶段需进行的专项验收包括电梯等特种设备、环保、消防、防雷、卫生防疫以及人防验收、生产工艺等，其中住宅工程必须进行分户验收。分户验收，即"一户一验"，是指住宅工程在按照国家有关标准、规范要求进行工程竣工验收时，对每一户住宅及单位工程公共部位进行专门验收。

（2）单位工程验收

当单位工程内容全部完成时，由施工单位自检，编制施工小结，向监理部门提出验收申请，监理部门应在规定的时间内，对工程完成的质量情况进行初步检查（预验收）。当同意验收时，施工单位应作出单位工程质量评估报告，全过程工程咨询单位审查验收条件，并通知各有关部门参加验收，地勘、设计单位应出具质量检查报告，施工、监理单位分别出具工程质量合格证明并组织单位工程验收，通过验收后，由各单位签署竣工文件并各自归档。

（3）工程竣工验收

当施工单位完成合同约定的所有工程量，且单位工程均通过自检验收合格后，可提出竣工验收申请，同时，施工单位应及时编制竣工验收计划报全过程工程咨询单位审核，报投资人同意后实施。

收到竣工验收申请后，全过程工程咨询单位应在规定时间内完成合同工程量完成情况的审核，符合要求后由全过程工程咨询单位监理单位落实预验收计划，提交并通知投资人参加预验收。全过程工程咨询单位组织各预验收单位检查确认预验收合格后，编写全过程工程咨询单位监理单位评估报告。

预验收合格并且投资人审核认为符合竣工验收条件后，应及时落实竣工验收的各项准备工作，成立验收小组，编写工程建设总结，组织竣工验收并通知政府各相关部门参加验收，验收通过后及时会签竣工验收报告，并填写建设工程竣工验收备案申请表，完成备案工作。

(三) 程序

项目竣工验收是在参建单位完成自检合格的基础之上，由投资人组织各方责任主体以及相关政府职能部门参加的一个综合验收，验收组以法律法规、设计文件、施工验收规范、质量检验标准等为依据，按照程序和手续对项目进行检验、综合评价的活动。

建设项目竣工验收的实施一般由全过程工程咨询单位组织投资人、施工、勘察、设计、监理等单位共同组成竣工验收小组，按照竣工验收程序，对工程进行核查后，得出验收结论，形成竣工验收记录。下面详细介绍竣工验收计划的编制以及竣工验收的流程图。

1.竣工交付验收总程序

竣工交付验收包括：① 各施工单位向全过程工程咨询单位监理单位提出验收申请；② 监理单位审查验收条件，组织预验收；③ 项目内部验收通过；④ 各专项验收机构如消防、人防等参加专项验收；⑤ 全过程工程咨询单位组织单位工程的验收；⑥ 全过程工程咨询单位组织竣工验收；⑦ 工程交付使用。

2.竣工验收计划编制程序

(1) 全过程工程咨询单位组织监理单位、施工单位制订项目竣工验收计划。项目竣工验收计划应列出清单，明确项目竣工验收工程的内容、责任单位、验收时间，做到竣工验收计划有据可依。(2) 全过程工程咨询单位审核项目竣工验收计划。全过程工程咨询单位应全面掌握项目竣工验收条件，认真审核项目竣工验收内容，做到安排的竣工验收计划有具体可行的措施。(3) 投资人批准竣工验收计划。投资人调查核实项目竣工验收实际情况，按照报批程序执行，做到安排的竣工验收计划有可靠的保证。

(四) 竣工验收程序

(1) 专项工程验收程序，包括消防工程、人防工程以及环保等专项验收。(2) 单位工程竣工验收程序。(3) 工程竣工验收程序。当整个建筑项目已按设计要求全部建设完成，并已符合竣工验收标准，全过程工程咨询单位组织监理单位的预验收已通过，应及时组织竣工验收。

(五) 竣工验收记录

竣工验收备案过程形成的验收记录主要包括四项成果文件：

(1) 竣工验收备案表；

(2) 观感评定；

(3) 验收组名单及竣工验收签到表；

(4) 竣工验收报告。

(六) 注意事项

根据《建筑工程施工质量验收统一标准》规定，应注意以下几方面。

(1) 工程实施内容、规模是否符合项目承包合同约定及初步设计审定的范围、标准和内容 (包括变更设计)；是否按施工技术规范要求建成；生产链上下游相关配套工程是否与主体工程同步建成。

(2) 工程质量是否符合项目承包合同约定的工程质量验收评定标准。

(3) 机电和工艺设备选型配套及设备安装单体和系统调试情况，其中主要设备是否经过空载单机试验、联动试运行等，以及试生产和第三国引进设备合同执行情况。

(4) 环境保护、消防设施等是否按承包合同约定或批准的设计图纸建成，是否满足国家相关要求，经检验是否合格，建筑抗震设防是否符合相关规定，规定的竣工验收内容是否已全部验收合格。

(5) 运营投产或投产使用准备情况。包括岗位培训、物资准备、外部协作条件等是否已经落实，是否满足投产运营和安全生产的需求。

(6) 工程竣工资料编制完成情况。

二、项目竣工结算管理

(一) 项目竣工结算编制

1.编制依据

根据《建设项目工程结算编审规程》的规定，同时根据《建设工程造价咨询规范》进行补充，竣工结算编制依据包括：

（1）影响合同价款的法律、法规和规范性文件；

（2）现场踏勘复验记录；

（3）施工合同、专业分包合同及补充合同、有关材料、设备采购合同；

（4）与工程结算编制相关的国务院建设行政主管部门以及各省、自治区、直辖市和有关部门发布的建设工程造价计价标准、计价方法、计价定额、价格信息、相关规定等计价依据；

（5）招标文件、投标文件，包括招标答疑文件、投标承诺、中标报价书及其组成内容；

（6）工程施工图或竣工图、经批准的施工组织设计、设计变更、工程洽商、索赔与现场签证，以及相关的会议纪要；

（7）工程材料及设备中标价、认价单；

（8）发承包双方确认追加或核减的合同价款；

（9）经批准的开工、竣工报告或停工、复工报告；

（10）影响合同价款的其他相关资料。

2. 编制内容

（1）竣工结算按委托内容可分为建设项目竣工结算、单项工程竣工结算及单位工程竣工结算。

（2）竣工结算文件应包括封面、签署页、目录、编制说明、竣工结算汇总表、单项工程竣工结算汇总表、单位工程竣工结算汇总表等，采用工程量清单计价的竣工结算成果文件可按建设工程造价咨询规范附表编制。

（3）竣工结算编制说明应包括工程概况、编制范围、编制依据、编制方法，工程计量、计价及人工、材料、设备等的价格和费率取定的说明，及应予说明的其他事项。

3. 编制程序

建设项目竣工结算应按竣工结算的准备、竣工结算的编制和竣工结算的定稿三个阶段进行，并实行编制人、校对人和审核人分别署名盖章确认的内部审核制度。

（1）结算编制准备阶段

① 收集与工程结算相关的编制依据；

② 熟悉招标文件、投标文件、施工合同、施工图纸等相关资料；

③ 掌握建设项目承发包方式、现场施工条件、应采用的工程计价标准、定额、费用标准、材料价格变化等情况；

④ 对工程结算编制依据进行分类、归纳、整理；

⑤ 召集工程结算人员对工程结算涉及的内容进行核对、补充和完善。

（2）结算编制阶段

① 根据工程施工图或竣工图以及施工组织设计进行现场踏勘，并做好书面或影像记录；

② 按招标文件、施工合同约定方式和相应的工程量计算规则计算分部分项建设项目、措施项目或其他项目的工程量；

③ 按招标文件、施工合同规定的计价原则和计价办法对分部分项建设项目、措施项目或其他项目进行计价；

④ 对于工程量清单或定额缺项以及采用新材料、新设备、新工艺，应根据施工过程中的合理消耗和市场价格编制综合单价或单位估价分析表；

⑤ 工程索赔应按合同约定的索赔处理原则、程序和计算方法提出索赔费用；

⑥ 汇总计算工程费用，包括编制分部分项工程费、措施项目费、其他项目费、规费和税金，初步确定工程结算价格；

⑦ 编写编制说明；

⑧ 计算和分析主要技术经济指标；

⑨ 工程结算编制人编制工程结算的初步成果文件。

（3）结算定稿阶段

① 工程结算审核人对初步成果文件进行审核；

② 工程结算审定人对审核后的初步成果文件进行审定；

③ 工程结算编制人、审核人、审定人分别在工程结算成果文件上署名，并应签署造价工程师或造价员执业或从业印章；

④ 工程结算文件经编制、审核、审定后，工程造价咨询企业的法定代表人或其授权人在成果文件上签字或盖章；

⑤ 工程造价咨询企业在正式的工程结算文件上签署工程造价咨询企业执业印章。

竣工结算应按施工合同类型采用相应的编制方法，应符合《建设工程造价咨询规范》《建设项目工程结算编审规程》的规定：

① 采用总价合同的，应在合同总价基础上，对合同约定能调整的内容及超过合同约定范围的风险因素进行调整。

② 采用单价合同的，在合同约定风险范围内的综合单价应固定不变，并应按合同约定进行计量，且应按实际完成的工程量进行计量。

③ 采用成本加酬金合同的，应按合同约定的方法，计算工程成本、酬金及有关税费。

④ 采用工程量清单方式计价的工程，一般采用单价合同，应按工程量清单单价法编制工程结算。

⑤ 分部分项工程费应依据施工合同相关约定以及实际完成的工程量、投标时的综合单价等进行计算。

⑥ 工程结算编制时原招标工程量清单描述不清或项目特征发生变化以及变更工程、新增工程中的综合单价应按下列方法确定；

A. 合同中已有适用的综合单价，应按已有的综合单价确定；

B. 合同中有类似的综合单价，可参照类似的综合单价确定；

C. 合同中没有适用或类似的综合单价，由承包人提出综合单价，经发包人确认后执行。

⑦ 工程结算编制时措施项目费应依据合同约定的项目和金额计算，发生变更、新增的措施项目，以发承包双方合同约定的计价方式计算，其中措施项目清单中的安全文明施工费用应按照国家或省级、行业建设主管部门的规定计算。施工合同中按未约定措施项目费在结算方法时，措施项目费可按以下方法结算：

A. 与分部分项实体消耗相关的措施项目，应随该分部分项工程实体工程量的变化，依据双方确定的工程量、合同约定的综合单价进行结算；

B. 独立性的措施项目，应充分体现其竞争性，一般应固定不变，按合同价中相应的措施项目费用进行结算；

C. 与整个建设项目相关的综合取定的措施项目费用，可参照投标时的取费基数及费率进行结算。

⑧ 其他项目费应按以下方法进行结算：

A. 计日工按发包人实际签证的数量和确认的事项进行结算；

B. 暂估价中的材料单价按发承包双方最终确认价在分部分项工程费中对相应综合单价进行调整，计入相应的分部分项工程费用；

C. 专业工程结算价应按中标价或发包人、承包人与分包人最终确认的分包工程价进行结算；

D. 总承包服务费应依据合同约定的结算方式进行结算；

E. 暂列金额应按合同约定计算实际发生的费用，并分别列入相应的分部分项工程费、措施项目费中。

⑨ 招标工程量清单漏项、设计变更、工程洽商等费用应依据施工图，以及发承包双方签证资料确认的数量和合同约定的计价方式进行结算，其费用列入相应的分部分项工程费或措施项目费中。

⑩ 工程索赔费用应依据发承包双方确认的索赔事项和合同约定的计价方式进行结算，其费用列入相应的分部分项工程费或措施项目费中。

⑪ 规费和税金应按国家、省级或行业建设主管部门的规定计算。

4. 注意事项

在竣工结算过程中，全过程工程咨询单位应注意以下几点。

(1) 注重竣工结算资料的收集、整理，竣工结算资料是保证竣工结算造价的基础，同时完整的结算资料能够加快竣工结算的时间，并可以减少结算纠纷。对全过程工程咨询单位来说，应与施工单位设立工程竣工资料管理组，并由熟练的专业、专职人员负责此项工作，从而做好结算资料的收集与整理。

(2) 竣工结算造价的计价应严格按照合同约定的原则进行，合同中没有约定的应参照计价规定进行计算，不应仅仅注重结算总造价，还应做到每个分项的结算造价准确，避免错算、漏算。

(3) 竣工结算造价是合同承包范围内的全部结算价款 (包含索赔价款及相关分包价款)，不含在竣工结算价款的相关费用应进行说明。

(4) 应注重合同约定的结算编制时间，应在约定的时间内编制竣工结算书，并把完整结算资料一并提交投资人审核，避免由于未及时提交竣工结算而产生不利影响。

(二) 项目竣工结算审核

1. 审核依据

竣工结算审核编制依据应包括下列内容:

(1) 影响合同价款的法律、法规和规范性文件;

(2) 现场踏勘复验记录;

(3) 工程结算审查委托合同;

(4) 完整、有效的工程结算书;

(5) 施工合同、专业分包合同及补充合同、有关材料、设备采购合同;

(6) 与工程结算编制相关的国务院建设行政主管部门以及各省、自治区、直辖市和有关部门发布的建设工程造价计价标准、计价方法、计价定额、价格信息、相关规定等计价依据;

(7) 招标文件、投标文件,包括招标答疑文件、投标承诺、中标报价书及其组成内容;

(8) 工程施工图或竣工图、经批准的施工组织设计、设计变更、工程洽商、索赔与现场签证以及相关的会议纪要;

(9) 工程材料及设备中标价、认价单;

(10) 发承包双方确认追加或核减的合同价款;

(11) 经批准的开工、竣工报告或停工、复工报告;

(12) 影响合同价款的其他相关资料。

因此,全过程工程咨询单位在竣工结算审核过程中,发现工程图纸、工程签证等与事实不符时,应由发承包双方书面澄清事实,并应据实进行调整。如未能取得书面澄清,工程造价咨询企业应进行判断,并就相关问题写入竣工结算审核报告。

2. 审核内容

建设项目竣工审核应按准备、编制和定稿三个阶段进行,并实行编制人、校对人和审核人分别署名盖章确认的内部审核制度。

(1) 工程结算审核准备阶段主要包括以下工作内容:

① 审查工程结算书序的完备性、资料内容的完整性,对不符合要求的应及时退回,要求限时补正;

② 审查计价依据及资料与工程结算的相关性、有效性；

③ 熟悉施工合同、招标文件、投标文件、主要材料设备采购合同及相关文件；

④ 熟悉竣工图纸或施工图纸、施工组织设计、工程概况，以及设计变更、工程洽商和工程索赔情况等；

⑤ 掌握工程量清单计价规范、工程预算定额等与工程相关的国家和当地建设行政主管部门发布的工程计价依据及相关规定。

（2）工程结算审核阶段主要包括以下工作内容：

① 审查工程结算的项目范围、内容与合同约定的项目范围、内容一致性；

② 审查分部分项建设项目、措施项目或其他项目工程量计算准确性、工程量计算规则与计价规范保持一致性；

③ 审查分部分项综合单价、措施项目或其他项目时应严格执行合同约定或现行的计价原则、方法；

④ 对于工程量清单或定额缺项以及新材料、新工艺，应根据施工过程中的合理消耗和市场价格，审核结算综合单价或单位估价分析表；

⑤ 审查变更签证凭证的真实性、有效性，核准变更工程费用；

⑥ 审查索赔是否依据合同约定的索赔处理原则、程序和计算方法以及索赔费用的真实性、合法性、准确性；

⑦ 审查分部分项费用、措施项目费用、其他项目费用、规费和税金等结算价格时，应严格执行合同约定或相关费用计取标准及有关规定，并审查费用计取依据的时效性、相符性；

⑧ 提交工程结算审查初步成果文件，包括编制与工程结算相对应的工程结算审查对比表，待校对、复核。

（3）工程结算审定阶段主要包括以下工作内容：

① 在工程结算审查初稿编制完成后，应召开由工程结算编制人、工程结算审查投资人及工程结算审查人共同参加的会议，听取意见，并进行合理的调整；

② 由工程结算审查人的部门负责人对工程结算审查的初步成果文件进行检查校对；

③由工程结算审查人的审定人审核批准;

④发承包双方代表人或其授权投资人和工程结算审查单位的法定代表人应分别在"工程结算审定签署表"上签认并加盖公章;

⑤对工程结算审查结论有分歧的,应在出具工程结算审查报告前至少组织两次协调会;凡不能共同签认的,审查人可适时结束审查工作,并作出必要说明;

⑥在合同约定的期限内,向投资人提交经工程结算审查编制人、校对人、审核人签署执业或从业印章,以及工程结算审查人单位盖章确认的正式工程结算审查报告。

3. 审核程序

竣工结算审核工作应依据《建设项目工程结算编审规程》,主要包括准备、审查和审定三个工作阶段。

(1)准备阶段应包括收集和整理作为竣工结算审核项目的相关依据资料,做好送审资料的交验、核实、签收工作,并应对资料缺陷向投资人提出书面意见及要求。

(2)审查阶段应包括现场踏勘核实,召开审核会议,澄清并提出补充依据性资料和必要的弥补性措施,形成会商纪要进行计量、计价审核与确定工作、完成初步审核报告等。

(3)审定阶段应包括就竣工结算审核意见与承包人及发包人进行沟通,召开协调会议,处理分歧事项,形成竣工结算审核成果文件,签认竣工结算审定签署表,提交竣工结算审核报告等工作。

竣工结算审核应采用全面审核法。除委托咨询合同另有约定外,不得采用重点审核法、抽样审核法或类比审核法等其他方法。

工程结算审查应区分施工发承包合同类型及工程结算的计价模式采用相应的工程结算审查方法。

(1)当审查采用总价合同的工程结算时,应审查与合同所约定结算编制方法的一致性,按照合同约定可以调整的内容,在合同价基础上对调整的设计变更、工程洽商以及工程索赔等合同约定可以调整的内容进行审查。

(2)当审查采用单价合同的工程结算时,应审查按照竣工图或施工图以内的各个分部分项工程量计算的准确性,依据合同约定的方式审查分部分项建设项目价格，并对设计变更、工程洽商、施工措施以及工程索赔等调整内容进行审查。

（3）当审查采用成本加酬金合同的工程结算时，应依据合同约定的方法审查各个分部分项工程以及设计变更、工程洽商、施工措施等内容的工程成本，并审查酬金及有关税费的取定。

（4）采用工程量清单计价的工程结算审查应包括：

① 建设项目的所有分部分项工程量，以及实施建设项目采用的措施项目工程量，为完成所有工程量并按规定计算的人工费、材料费和施工机械使用费、企业管理费利润，以及规费和税金取定的准确性；

② 对分部分项工程和措施项目以外的其他项目所需计算的各项费用进行审查；

③ 对设计变更和工程变更费用依据合同约定的结算方法进行审查；

④ 对索赔费用依据相关签证进行审查；

⑤ 合同约定的其他费用的审查。

（5）工程结算审查应按照与合同约定的工程价款调整方式对原合同价款进行审查，并应按照分部分项工程费、措施项目费、其他项目费、规费、税金项目进行汇总。

（6）采用预算定额计价的工程结算审查应包括：

① 套用定额的分部分项工程量、措施项目工程量和其他项目，以及为完成所有工程量和其他项目并按规定计算的人工费、材料费、机械使用费、规费、企业管理费、利润和税金与合同约定的编制方法的一致性，计算的准确性；

② 对设计变更和工程变更费用在合同价基础上进行审查，工程索赔费用按合同约定或签证确认的事项进行审查合同约定的其他费用；

③ 对设计变更、签证确认事项、工程索赔和其他产生的费用按合同约定在合同价基础上进行审查。

4.注意事项

（1）收集相关资料为工程竣工结算审核编制提供全面而充分的依据

建设项目及验收后的完工结算审核数据应该及时收集，这样可以充分理解和掌握实际情况。一方面，可以保证结算审核内容的完整性和合理性；

另一方面，可以保证结算。审计工作进展顺利，审计过程中没有太多疑点或不一致之处。竣工结算审核人员应注意以下几方面资料的收集：

①工程承发包合同，它是结算审核最根本、最直接的依据，因为建设项目的承发包范围、双方的权利与义务、价款结算与调整方式、风险分配等都由此决定，另外，结算中哪些费用项目可以计入或调整、如何计算也都以此为据；

②施工图纸及图纸会审记录，它是确定中标价合理性及合同价的主要依据；

③招标文件、投标文件和设计变更图纸等原始资料，它是实际施工发生变化或进行增减删除项后调整有关费用的依据；

④设计变更通知单、工程开工、停工报告、监理单位指令等；

⑤施工组织设计、施工记录、原始票据、形象进度及现场照片等；

⑥有关定额（工程量清单）、费用调整的文件、规定；

⑦经审查批准的竣工图、工程竣工验收单、竣工报告等。

（2）检查隐蔽验收记录

所有隐蔽工程均需进行验收，签证应符合相关规定，签字手续齐全；实行工程监理的项目应经监理单位签证确认。审核竣工结算时注意隐蔽工程施工记录和验收签证等手续完整，工程量与竣工图一致方可列入结算。

（3）按图核实工程数量

当实施审核时，应在熟练掌握工程量计算规则的基础上熟悉施工图纸，全面了解工程变更签证。审核工程量时应审查有无多计或者重复计算，计算单位是否一致，是否按工程量计算规则计算等。

（4）落实设计变更签证

设计修改变更应由原设计单位出具"设计变更通知单"和修改图纸，设计、校审人员签字并加盖公章，经全过程工程咨询单位和监理单位初审报投资人同意后，方可下发设计变更并办理签证；重大设计变更应经原审批部门审批，否则不应列入结算。

（5）注意各项费用计取

①全过程工程咨询单位在确定计价定额中的利润时，应以定额人工费或（定额人工费＋定额机械费）作为计算基数，其费率根据历年工程造价积

累的资料，并结合建筑市场实际确定，以单位（单项）工程测算，利润在税前建筑安装工程费的比重可按不低于5%且不高于7%的费率计算，利润应列入分部分项工程和措施项目中。

②当一般纳税人采用一般计税方法时，工具用具使用费中增值税进项税额的抵扣以购进货物或接受修理费配劳务适用的税率扣减，均为16%。

③当一般纳税人采用一般计税方法时，检验试验费进项税额现代服务业以适用的税率6%扣减。

④社会保险费和住房公积金应以定额人工费为计算基础，根据工程所在地省、自治区、直辖市或行业建设主管部门规定费率计算。

社会保险费和住房公积金 = ∑（工程定额人工费 × 社会保险费和住房公积金费率）

⑤工程排污费等其他应列入而未列入的规费应按工程所在地环境保护等部门规定的标准缴纳，按实计取列入。

第三节　竣工资料与移交管理

一、竣工资料管理

建设项目的竣工资料管理工作非常重要。一切工程建设活动，无论其过程如何复杂，最终只能留下两个建设结果：一个是工程实体本身；另一个就是竣工资料。除建筑实体本身，竣工资料质量也是建设项目质量管理的重要组成部分。

(一) 依据

依照《基本建设项目档案资料管理暂行规定》中竣工档案资料的管理要求的规定，竣工资料档案管理的主要依据包括：

(1)《中华人民共和国档案法》；

(2)《关于编制基本建设工程竣工图的几项暂行规定》；

(3)《基本建设项目档案资料管理暂行规定》；

(4)《建设项目（工程）竣工验收办法》；

(5)《市政工程施工技术资料管理规定》;

(6)《科学技术档案案卷构成的一般要求》;

(7)《建设工程监理规范》;

(8)《建设工程文件归档整理规范》;

(9)《照片档案管理规范》;

(10)《声像档案建档规范》;

(11)《技术制图复制图的折叠方法》;

(12)其他相关规定。

(二) 内容

项目档案是在项目建设管理的过程中形成的，以各种形式呈现并具有保存价值的历史记录。项目档案验收是项目竣工验收的重要组成部分。未经档案验收或档案验收不合格的项目不得进行或通过项目的竣工验收。竣工资料档案管理的主要内容包括归档资料的范围、质量要求、归档资料的立卷、资料的归档、档案的验收与移交。

1.竣工资料归档的范围

对与工程建设有关的重要活动、记载工程建设主要过程和现状、具有保存价值的各种载体的文件，均应收集齐全，整理立卷后归档。归档资料可归纳为文字资料、竣工图及声像资料三种类型。

具体归档范围应包括:

(1)工程准备阶段文件，工程开工以前，在立项、审批、征地、勘察、设计、招投标等工程准备阶段形成的文件;

(2)监理文件:监理单位在工程设计、施工等监理过程中形成的文件;

(3)施工文件:施工单位在工程施工过程中形成的文件;

(4)竣工图:在建设项目竣工验收后，真实反映建设项目施工结果的图样;

(5)竣工验收文件:建设项目竣工验收活动中形成的文件。

2.竣工资料归档的质量要求

竣工归档的资料必须依照《建设工程文件归档整理规范》中对于归档文字资料、竣工图以及声像资料的要求来整理资料，文字资料、竣工图以及声像资料的归档要求如下。

（1）文字资料归档质量要求

竣工文字资料归档的具体质量要求包括以下几个方面：

① 归档的竣工文字资料必须为原件；

② 竣工文字资料内容及其深度必须符合国家有关工程勘察、设计、施工、监理等方面的技术规范、标准和规程；

③ 竣工文字资料应采用耐久性强的书写材料，如碳素墨水、蓝黑墨水，不得使用易褪色的书写材料，如红色墨水、纯蓝墨水、圆珠笔、复写纸、铅笔等；

④ 竣工文字资料应字迹清楚，图面整洁，不得使用易褪色的书写材料书写、绘制；

⑤ 竣工资料文字材料幅面尺寸规格宜为 A4 幅面（297mm × 210mm）。图纸宜采用国家标准图幅；

⑥ 竣工文字资料的纸张应采用能够长期保存的韧力大、耐久性强的纸张。

（2）竣工图归档质量要求

竣工图是建筑工程竣工档案的重要组成部分，是工程建设完成后的主要凭据性材料，是建筑物实际施工的真实写照，是工程竣工验收的必备条件，是工程维修、管理、改建、扩建的依据，各项新建、改建、扩建项目均必须编制竣工图。竣工图归档的具体质量要求包括以下几个方面。

① 竣工图的编制应在盖有设计院出图章、注册设计师章和设计审核章的蓝图上进行绘制，报送的竣工图图样清晰，图表整洁，无破损，签字盖章手续完备。

② 绘制竣工图须符合制图规范，做到图形清晰和字迹工整。绘制与注记要用碳素墨水笔。

③ 所有竣工图均应加盖竣工图章。竣工图章的基本内容应包括"竣工图"字样、施工单位、编制人、审核人、技术负责人、编制日期、监理单位、现场监理、总监。"竣工图章"应使用不易褪色的红色印泥，应盖在图标栏上方空白处，还须加盖施工单位和监理单位公章。

④ 竣工图纸变更依据。主要包括图纸会审记录、设计变更单、技术核

定单、工程业务联系单等修改。

⑤图纸变更注记方法。竣工图必须与工程实物相符，与设计变更通知单等有关资料一致，所有修改内容必须修改到位，竣工图的修改、注记方法规定如下。

A.对于少量文字和数字的修改可用杠改法。即用一条实线将被修改的部分画去，在其附近适当的位置填写变更后的内容，并注明修改依据和注记人、注记日期。

B.对少量图形的修改可采用叉改法。即用"×"将被修改部分划去，在其附近适当的位置画上修改后的图形，注明修改内容及修改依据、注记人、注记日期。

C.对较多图形的修改，可采用蓝图粘贴法。即将变更较大的部分进行重新绘制或绘成底图后晒成蓝图剪下，粘贴在变更部分上，吻合相接成竣工图，并注明修改依据、注记人、注记日期。

D.图纸变更内容若超出图纸版面的1/3，则需要重新制作新图。

E.声像资料归档质量要求。

建设项目声像资料主要是指在城市规划、建设、管理活动中直接形成的，具有保存价值的照片、底片(包括反转片)、影片、录像带、光盘及磁性载体，以声像为主，辅以文字说明的历史记录。全过程工程咨询单位应向城建档案管理机构报送的声像资料主要有建设项目的照片档案、录像档案和相应的文字说明。

3.竣工资料的立卷

(1)立卷的原则和方法。立卷应遵循工程文件的自然形成规律，保持卷内文件的有机联系，便于档案的保管和利用；一个建设项目由多个单位工程组成时，工程文件应按单位工程组卷；案卷不宜过厚，一般不超过40mm，不同载体的文件一般应分别组卷。

(2)卷内文件的排列。文字材料按事项、专业顺序排列。同一事项的请示与批复、同一文件的印本与定稿、主件与附件不能分开，并按批复在前、请示在后，印本在前、定稿在后，主件在前、附件在后的顺序排列；图纸按专业排列，同专业图纸按图号顺序排列；既有文字材料又有图纸的案卷，文字材料排前，图纸排后。

（3）案卷的编目。立卷目录编制内容包括卷内文件页号、卷内备考表、案卷封面。

（4）案卷装订。案卷可采用装订与不装订两种形式。文字材料必须装订。既有文字材料，又有图纸的案卷应装订。装订应采用线绳三孔左侧装订法，要整齐、牢固，便于保管和利用；装订时必须剔除金属物。

4. 竣工资料的归档

（1）竣工资料归档时间。根据建设程序和工程特点，归档可以分阶段分期进行，也可以在单位或分部工程通过竣工验收后进行；勘察、设计单位应当在任务完成时，施工、监理单位应当在工程竣工验收前，将各自形成的有关工程档案向投资人归档。

（2）工程档案一般不少于两套，一套由投资人保管，另一套（原件）移交当地城建档案馆（室）。

（3）勘察、设计、施工、监理等单位移交档案时，编制移交清单，双方签字、盖章后方可交接。

（4）凡设计、施工及监理单位需要向本单位归档的文件，应按国家有关规定和本规范《建设工程档案管理规范》的要求单独立卷归档。

5. 竣工档案的验收

（1）列入城建档案馆（室）档案接收范围的工程，全过程工程咨询单位在组织工程竣工验收前，应提请城建档案管理机构对工程档案进行预验收。投资人未取得城建档案管理机构出具的认可文件，不得组织工程竣工验收。

（2）城建档案管理部门在进行工程档案验收时，应重点验收以下内容：

① 工程档案齐全、系统、完整；

② 工程档案的内容真实、准确地反映工程建设活动和工程实际状况；

③ 工程档案已整理立卷，立应符合本规范的规定；

④ 竣工图绘制方法、图式及规格等符合专业技术要求，图面整洁，盖有竣工图章；

⑤ 文件的形成、来源符合实际，要求单位或个人签章的文件，其签章手续完备；

⑥ 文件材质、幅面、书写、绘图、用墨、托裱等符合要求。

(三) 程序

各单位应按全过程工程咨询单位对本项目工程竣工资料整理归档的相关规定及国家有关文件的规定进行整理，完成后施工单位内部初验，初验合格后向监理单位递交验收申请，监理单位进行复验。复验合格后，由监理单位向全过程工程咨询单位提交竣工资料验收申请，投资人审核合格后做好向城建档案馆归档的相关准备工作。对验收不合格的竣工资料，由监理返还给编制单位重新整理和完善，直至所有资料满足整理及归档要求为止。

1. 管理原则

档案管理体现了单位的管理水平。管理好工程档案，既有利于做好工程的建设，又有利于工程的后续管理工作，有效地进行档案管理主要集中在以下几方面。

(1) 要有规章制度。工程建设档案涉及的单位和人员较多，全过程工程咨询单位应分析建设项目的特点，建立健全管理规章，规范文件的收发、起草、签发、借阅、档案等行为，认真抓好规章制度的执行。规章制度不健全、不落实，档案工作就很难做好。

(2) 要熟悉有关业务。工程档案管理专业性强、业务范围广、涉及法律法规较多，相关领导和档案管理人员应尽可能多地了解国家有关法律法规，了解工程建设的业务知识，熟悉档案管理相关知识。

(3) 要形成督导机制。全过程工程咨询单位要加强对其他单位档案管理工作的督导，在工程建设过程中督促检查各参建单位工程文件的形成、收集、整理和立卷归档工作。工程验收后，要进一步加大力度，采取经济等手段督促各参建单位尽快完成归档工作。

2. 管理方法

(1) 工程准备阶段文件、竣工验收文件、监理文件可按建设项目或单位工程单独组卷。

(2) 施工文件应按单位工程组卷，并应符合下列规定。

① 建筑节能施工资料单独组卷。

② 专业承包工程形成的施工资料应单独组卷。

③ 电梯应按单位工程单独组卷。

④ 室外工程应按室外建筑环境、室外安装工程单独组卷。

⑤ 当施工资料中部分内容不能按单位工程分类组卷时，可按建设项目组卷，公共部分的原件可归入其中一个单位工程，其他单位工程不需要归档但应做档案说明。如，一个建设项目有多个单体工程共用施工组织设计、图纸会审记录、设计变更、产品质量证明文件等时，可按建设项目组卷。

⑥ 施工资料目录应与其对应的施工资料一起组卷。

(3) 竣工图按单位工程分专业分别组卷。

(4) 案卷的厚度：案卷厚薄要适中，文件材料卷厚控制在 1.5cm，不宜超过 2cm，图纸厚度不宜超过 3cm。

(5) 工程资料可根据当地建设工程文件归档内容及排序中的标题，依据案卷厚度组成一卷或多卷，也可合卷。

① 当案卷内文件厚度超厚时，可拆卷。

例 1："质量控制文件"超厚，可把"施工组织设计""施工方案""地基处理文件"等拆开分别单独组卷，也可把其中的两项合并组卷。

例 2："隐蔽工程验收文件""建筑竣工图"超厚，可分成若干卷。

② 当案卷文件较薄时，可合卷，为便于题名，合卷最多不能超过三个文件。

例 3：可把"安全和功能检验文件"＋"隐蔽工程验收文件"合并后单独组卷。

例 4：可把"装饰装修分部工程质量验收文件"＋"屋面分部工程质量验收文件"合并后单独组卷。

二、竣工移交管理

(一) 项目竣工档案移交

1. 依据

建设项目竣工档案移交时应严格按照国家相关规定开展工作，其主要依据包括：

(1)《基本建设项目档案资料管理暂行规定》；

(2)《建设工程文件归档整理规范》；

(3)《国家重大建设项目文件归档要求与档案整理规范》;

(4)其他规定。

2. 内容

全过程工程咨询单位应根据上述法规的规定,要求所有参加项目建设的单位,包括设计、施工、监理等单位或工程师,要在全过程工程咨询单位的统一组织安排下,分工负责,按照工程编序建立项目档案体系,对本单位分管项目的工程文档进行全面系统的收集、整理、归档后妥善保存;在单项(单位)工程交工验收时,经监理单位签证、全过程工程咨询单位检查复核后,除依照合同按投资人需求移交一份给项目投资人保管外;还应同时按《建设工程文件归档整理规范》的规定将需列入城建档案馆(室)接收范围工程的相关资料,在工程竣工验收后3个月内,全过程工程咨询单位应协助投资人必须向城建档案馆(室)移交一套符合规定的工程档案。竣工归档文件的归档范围及保管期限,规范都明确规定。如文件的保管期限分为永久保管、长期保管和短期保管三类,其中永久保管是指工程档案需永久保存,长期保管是指工程档案的保存期限等于该工程的使用寿命,短期保管是指工程档案保存20年以下。同一卷内有不同保管期限的文件,该案卷保管期限应从长。

(1)工程准备阶段文件

工程准备阶段文件主要包括立项文件,建设用地、征地拆迁文件,勘察、测绘、设计文件,招标文件,开工审批文件,财务文件,全过程工程咨询单位、施工单位、监理单位以及负责人。

(2)监理文件

监理文件主要包括监理规划,监理月报中的有关质量问题,监理会议纪要中的有关质量问题,进度控制,质量控制,造价控制,分包资质,监理通知,合同与其他事项管理以及监理工作职责。

(3)施工文件

施工阶段归档的资料包括建筑安装工程和市政基础设施工程。其中,建筑安装工程包括土建(建筑与结构)工程,电气、给排水、消防、采暖、通风、空调、燃气、建筑智能化、电梯工程以及室外工程的相关资料文件;市政基础设施工程包括施工技术准备、施工现场准备、设计变更、洽商记录等文件。《建设工程文件归档整理规范》中规定了归档范围及保管期限的具体内容和要求。

3. 程序

竣工档案移交工作应按照参照《建设工程文件归档整理规范》，具体实施过程包括：

（1）全过程工程咨询单位受投资人授权与城建档案管理部门签订《建设工程竣工档案移交责任书》；

（2）城建档案管理部门对项目参与各单位进行业务指导与技术培训；

（3）全过程工程咨询单位组织各单位按归档要求对建设工程档案进行收集、整理与汇总；

（4）全过程工程咨询单位提交《建设工程竣工档案预验收申请表》；

（5）城建档案馆对工程档案进行预验收，预验收合格后出具《建设工程竣工档案预验收意见书》；

（6）全过程工程咨询单位组织各单位向城建档案管理部门移交建设工程竣工档案；

（7）城建档案管理部门对移交档案合格项目发放《建设工程档案合格证》。

常用的竣工档案移交的方法主要包括以下几点。

（1）邀请城建档案馆工作人员提前到项目部对各单位进行业务指导与专业培训。

（2）分包施工单位应按合同约定的资料份数、内容、装订方式和移交时限将完整的组卷成册的资料移交给总承包施工单位，并办理移交手续；总承包施工单位整理各分包单位资料后，按合同约定的资料份数、内容、装订方式和移交时限将完整的组卷成册的资料移交给监理单位进行初审，合格后交全过程工程咨询单位复审，合格后办理移交手续；移交给全过程工程咨询单位的资料应按合同约定的套数如数移交。若需增加套数，应在合同中约定或另行商定，并明确所发生费用的承担方；分包施工和总包施工单位应按合同约定时限将资料分别移交给总承包施工单位和监理（全过程工程咨询）机构，不得以任何理由，拖延甚至拒绝资料的移交；总承包单位或监理（全过程工程咨询）机构不得因资料不符合规定以外的其他原因，拖延甚至拒绝接收分包单位或总承包单位移交的资料。

(二) 项目工程实体移交

1. 依据

当建设项目工程实体移交时，应严格按照国家相关规定开展工作，其主要依据包括：

(1)《建设工程质量管理条例》；

(2)《建设项目 (工程) 竣工验收办法》；

(3)《建筑工程施工质量验收统一标准》；

(4)《房屋建筑和市政基础设施工程竣工验收规定》；

(5)《房屋建筑和市政基础设施工程竣工验收备案管理办法》。

2. 内容

全过程工程咨询单位应组织监理、施工单位按承包的建设项目名称和合同约定的交工方式，向投资人移交，然后由投资人再移交使用单位。

(1) 工程移交计划

在建设项目移交工作开展之前，应组织监理、施工单位依照移交内容制定一份移交计划，明确各项验收工作的主体、时间、移交时间、移交责任人等事项。

(2) 施工单位的工程移交

在工程整改及工程竣工验收完毕后，全过程工程咨询单位应协助投资人立即组织施工单位提交房屋竣工验收报告、消防部门出具的消防验收文件、质量技术监督部门出具的电梯验收文件等相关资料，文件齐全后应去当地建设部门办理竣工验收备案手续，取得竣工验收备案回执；在取得竣工验收备案回执及整改情况处理完毕后，施工单位向投资人、监理、全过程工程咨询单位提出移交申请，全过程工程咨询单位应立即组织各专业工程师及监理单位的各监理人员、投资人、接收单位相关人员共同组成项目移交组，对项目进行初步验收，按照交验标准逐一查看，发现问题后要求施工单位限期整改并跟踪处理结果；在将遗留问题处理完毕、各系统已具备使用的条件下 (若是住宅工程还需编制住宅质量保证书等相关文件)，方可办理移交手续。

(3) 全过程工程咨询单位工程移交的工作

在施工单位将工程移交的同时，全过程工程咨询单位应协助投资人提前组织设备厂商、施工单位完成项目使用及维护手册的编制，并完成对使用单位（一般委托物业公司接收）相关人员进行培训。另外，应要求使用单位（物业公司）对室内的电气、上下水、灯具、门窗、各设备系统操作等进行全面检查，发现问题后立即组织施工单位进行整改；在各项整改工作全部完毕后，将室内的钥匙移交给使用单位（物业公司），钥匙移交过程中要进行签字记录；在使用单位入伙期间，应派专人协助使用单位熟悉及合理使用建筑物，对出现的问题需及时进行处理。

3. 程序

工程实体移交的程序主要包括以下几个部分。

（1）建设项目移交是建设项目通过竣工验收后，全过程工程咨询单位组织投资人、施工单位、监理单位向使用单位（物管公司）进行移交项目所有权的过程。

（2）建设项目经竣工验收合格后，便可办理工程交接手续，交接手续应及时办理，以便早日投产使用，发挥投资效益。

（3）竣工结算已审核并经各方签字认可后，即可移交项目工程实体。

（4）在工程实体移交前，各单位应将成套的工程技术资料按规定进行分类管理，编目建档后，由全过程工程咨询单位负责组织移交给投资人，同时施工单位还应将在施工中所占用的房屋设施，进行维修清理、打扫干净，连同房门钥匙全部予以移交。

第四节　竣工决算、备案与工程保修期管理

一、竣工决算

（一）编审项目竣工编制

1. 依据

项目竣工决算是指所有建筑建设项目竣工后，全过程工程咨询单位根据合同约定的要求，协助投资人按照国家规定编制的竣工决算报告。竣工决算应综合反映竣工项目从筹建开始至项目竣工交付使用为止的全部建设费

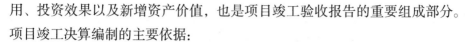

用、投资效果以及新增资产价值，也是项目竣工验收报告的重要组成部分。项目竣工决算编制的主要依据：

（1）影响合同价款的法律、法规和规范性文件；

（2）项目计划任务书及立项批复文件；

（3）项目总概算书和单项工程概算书文件；

（4）经批准的设计文件以及设计交底、图纸会审资料；

（5）招标文件和最高投标限价；

（6）工程合同文件；

（7）项目竣工结算文件；

（8）工程签证、工程索赔等合同价款调整文件、各种设计变更；

（9）设备、材料调价文件记录；

（10）会计核算及财务管理资料，历年财务决算及批复文件；

（11）其他有关项目管理的文件；

（12）竣工档案资料。

2. 内容

竣工决算是以实物量和货币为单位，综合反映建筑项目或单项工程的实际造价和投资效益，核定交付使用财产和固定资产价值的文件，是建筑项目的财务总结，其内容主要包括以下几项。

（1）竣工决算的内容由文字和决算报表两部分组成。

（2）文字说明包括：工程概况，设计概算和基建计划执行情况，项目竣工财务决算说明书，各项技术经济指标完成情况，各项投资资金使用情况，建设成本和投资效益分析以及建设过程中的主要经验、存在的问题和解决意见等。

（3）决算表格分大中型和小型项目两种：大中型项目竣工决算表包括竣工工程概况表、竣工财务决算表、交付使用财产总表和交付使用财产明细表；小型项目竣工决算表按上述内容合并简化为小型项目竣工决算总表和交付使用财产明细表。

3. 程序

建设项目竣工决算的编制应遵循以下程序。

（1）收集、整理有关项目竣工决算依据

在项目竣工决算编制之前，应认真收集、整理各种有关的项目竣工决算依据，做好各项基础工作，保证项目竣工决算编制的完整性。项目竣工决算的编制依据是各种研究报告、投资估算、设计文件、设计概算、批复文件、变更记录、招标标底、投标报价、工程合同、工程结算、调价文件、基建计划和竣工档案等各种工程文件资料。

（2）清理项目账务、债务和结算物资

项目账务、债务和结算物资的清理核对是保证项目竣工决算编制工作准确有效的重要环节。要认真核实项目交付使用资产的成本，做好各种账务、债务和结余物资的清理工作，做到及时清偿、及时回收。清理的具体工作要做到逐项清点、核实账目、整理汇总和妥善管理。

（3）填写项目竣工决算报告

项目竣工决算报告的内容是项目建筑成果的综合反映。项目竣工决算报告中各种财务决算表格中的内容应依据编制资料进行计算和统计，并符合规定。

（4）编写竣工决算说明书

项目竣工决算说明书具有建设项目竣工决算系统性的特点，综合反映项目从筹建开始到竣工交付使用为止全过程的建筑情况，包括项目建筑成果和主要技术经济指标的完成情况。

（5）报上级审查

项目竣工决算编制完毕，应将编写的文字说明和填写的各种报表，经过反复认真校稿核对，无误后装订成册，形成完整的项目竣工决算文件报告，及时上报审批。

根据审定的竣工决算等原始资料，对原概预算进行调整，重新核定单项工程、单位工程的造价。属于增加固定资产价值的其他投资，如工程措施费、维修费、土地征用及拆迁补偿费等，应分摊于受益工程，随同受益工程交付使用一并计入新增固定资产价值。

(二) 项目竣工决算审查

1. 依据

在建设项目全部竣工后，全过程工程咨询单位要按照基本建设财务管理制度要求及时编制项目竣工财务决算，并报财政部门委托的投资评审机构或财政部门认可的有资质的社会中介机构进行审核，财政部门再按有关规定向项目全过程工程咨询单位批复项目竣工财务决算。

多项法律法规规定了基本建设项目竣工财务决算的编制依据：

(1)《中华人民共和国招标投标法》；

(2)《财政部关于印发〈基本建设财务管理规定〉的通知》；

(3)《基本建设财务规则》；

(4)《财政部关于进一步加强中央基本建设项目竣工财务决算工作的通知》；

(5)《建设工程价款结算暂行办法》；

(6)《工程造价咨询企业管理办法》；

(7)《注册造价工程师管理办法》；

(8)基本建设项目竣工财务决算报表，包括竣工财务决算说明书；

(9)经批准的可行性研究报告、初步设计、概算及调整文件等相关文件；

(10)历年下达的年度投资计划；

(11)规划许可证书、施工许可证书或经批准的开工报告，竣工报告或停、复工报告；

(12)会计核算及财务管理资料；

(13)基本建设项目竣工验收资料；

(14)招投标文件，项目合同(协议)包括勘察、设计、施工、监理、设备采购合同等；

(15)工程结算报告书等有关资料；

(16)项目剩余物资盘点资料；

(17)其他有关资料。

2. 内容

全过程工程咨询单位应协助投资人接受审计部门的审计监督。其中，重点协助审查的内容包括：

（1）全过程工程咨询单位应当协助投资人接受审计机关对项目总预算或者概算的执行、年度预算执行情况的审计监督；

（2）全过程工程咨询单位应当协助投资人接受审计机关对项目建设程序、资金来源和其他前期工作的审计，也应当接受审计机关对于建设程序、建设资金筹集、征地拆迁等前期工作真实性和合法性的检查；

（3）全过程工程咨询单位应当协助投资人接受审计机关对建设资金管理与使用情况进行的审计；

（4）全过程工程咨询单位应当协助投资人接受审计机关根据需要对项目的勘察、设计、施工、监理、采购、供货等方面招标投标和工程承发包情况的审计；

（5）全过程工程咨询单位应当协助投资人接受审计机关根据需要对于项目有关合同订立、效力、履行、变更和转让、终止的真实性和合法性的审计；

（6）全过程工程咨询单位应当协助投资人接受审计机关对于项目设备、材料的采购、保管、使用的真实性、合法性和有效性审计；

（7）全过程工程咨询单位应当协助投资人接受审计机关对于项目概算执行情况及概算审批、执行、调整的真实性和合法性的审计；

（8）全过程工程咨询单位应当协助投资人接受审计机关对于项目债权债务的真实性和合法性审计；

（9）全过程工程咨询单位应当协助投资人接受审计机关对于项目税费缴纳的真实性和合法性的审计；

（10）全过程工程咨询单位应当协助投资人接受审计机关对于建设成本的真实性和合法性审计；

（11）全过程工程咨询单位应当协助投资人接受审计机关对于项目基本建设收入、结余资金的审计，应当接受形成和分配的真实性和合法性的检查；

（12）全过程工程咨询单位应当协助投资人接受审计机关对于工程结算和工程决算的审计及检查工程价款结算与实际完成投资的真实性、合法性及工程造价控制的有效性；

（13）全过程工程咨询单位应当协助投资人接受审计机关对于项目的交付使用资产的审计；

（14）全过程工程咨询单位应当协助投资人接受审计机关对于项目尾工工程的审计，及检查未完工程投资的真实性和合法性；

（15）全过程工程咨询单位应当协助投资人接受审计机关对于投资人会计报表的审计，及检查年度会计报表、竣工决算报表的真实性和合法性；

（16）全过程工程咨询单位应当协助投资人接受审计机关对于项目的勘察、设计、施工、监理、采购、供货等单位的审计，及检查项目勘察、设计、施工、监理、采购、供货等单位与国家建设项目直接有关的收费和其他财务收支事项的真实性和合法性；

（17）全过程工程咨询单位应当协助投资人接受审计机关对于项目工程质量管理的审计，及检查勘察、设计、建设、施工和监理等单位资质的真实性和合法性，以及对工程质量管理的有效性。

3. 程序

建设项目竣工决算审核的具体步骤包括：

（1）全过程工程咨询单位配合审计部门对自身情况和项目的相关情况做深入了解以及对其进行风险评估；

（2）全过程工程咨询单位根据项目情况选派相应专业人员配合审计部门的审查与监督；

（3）全过程工程咨询单位配合审计部门收集项目立项、可行性研究报告、初步设计、投资计划、概算、工程决算报表、工程结算报告或建设内容调整等有关批复文件及资料；

（4）全过程工程咨询单位配合审计部门编制竣工决算审查实施方案；

（5）全过程工程咨询单位配合审计部门出具工程决算审核报告；

（6）审计部门对工程决算审核报告（初稿）通过三级复核后完成相关程序出具正式报告。

竣工决算审核一般应采用全面审核法，也可采用延伸审查等方法。具体审核方法简要介绍如下。

（1）现场勘察。到建设项目现场实地查看，获取对项目的初步感性认识、核实相关工程量及以竣工图核对实物存在状态。可以选择在项目现场施工阶段初期、中期或完成阶段前进行。

（2）审阅项目资料。对全过程工程咨询单位提供的批复文件、科目余额表、可行性研究报告、初步设计、招投标资料、合同、记账凭证、竣工结算书、工程决算报表等所有资料进行认真审阅。

（3）重新计算。对于项目建设期间的贷款利息和待摊费用的分配、招待费占投资人管理费的比例、结算中的主要工程量等重大事项必须进行重新计算。

（4）函证。对于银行存款余额和资金往来余额必须进行函证。函证是指注册会计师为了获取影响财务报表或相关披露认定项目的信息，通过直接来自第三方对有关信息和现存状况的声明，获取和评价审核证据的过程。函证是受到高度重视并经常被使用的一种重要程序。

（5）询问。对审核工程中的疑问，全过程工程咨询单位总咨询师进行询问，必要时要求相关人员写出说明并签字。

（6）沟通。对审核中发现的问题全过程工程咨询单位要充分进行沟通，对审核中发现的重大问题充分与审核单位相关领导进行沟通。

二、竣工备案

（一）依据

1. 法律法规
(1)《中华人民共和国建筑法》；
(2)《建设工程质量管理条例》。

2. 建设项目工程资料
（1）合同文件；
（2）建设工程竣工验收报告；
（3）规划、公安消防、环保等部门出具的认可文件或者准许使用文件；
（4）其他相关资料；
（5）全过程工程咨询单位的知识和经验体系。

(二) 内容

(1) 经承包人自检合格后，并且符合相关政策的要求方可进行竣工验收。由承包人在工程完工后向投资人提交工程竣工报告，申请竣工验收，并经专业咨询工程师 (监理) 签署意见。

(2) 对符合竣工验收要求的工程，全过程工程机构协助投资人负责组织专业咨询工程师 (勘察、设计等) 组成的专家组实施验收并协助投资人在竣工验收 7 个工作日前将验收的时间、地点及验收组名单书面通知负责监督该工程的工程质量监督机构。

(3) 工程竣工验收合格之日起 15 个工作日内，全过程工程咨询单位及时提出竣工验收报告，向建设项目所在地县级以上地方人民政府建设行政主管部门 (及备案机关) 备案。

(4) 工程质量监督机构应在竣工验收之日起 5 工作日内，向备案机关提交工程质量监督报告。

(5) 城建档案管理部门对工程档案资料按国家法律法规要求进行预验收，签署验收意见。

(6) 备案机关在验证竣工验收备案文件齐全后，在竣工验收备案表上签署验收备案意见并签章。工程竣工验收备案表一式两份，一份由投资人保存，一份留备案机关存档。

三、工程保修期管理

(一) 依据

(1)《中华人民共和国建筑法》；
(2)《建设工程质量管理条例》；
(3) 合同文件等。

(二) 内容

1. 工程质量保修范围
一般来说，凡是施工单位的责任或者由于施工质量不良造成的问题，都属于保修范围。保修的内容主要有以下几个方面：基础、主体结构、屋面、地下室、外墙、阳台、厕所、浴室、卫生间及厨房等处渗水、漏水；各种管道渗水、漏水、漏气；通风孔和烟道堵塞；水泥地面大面积起砂、裂缝、空鼓；墙面抹灰大面积起泡、空鼓、脱落；暖气局部不热，接口不严渗漏，其他部位使用功能不能正常发挥。

凡是由于用户使用不当而造成建筑功能不良或者损坏者，不属于保修范围；凡从属于工业产品发现问题者，亦不属于保修范围，应由使用单位自行组织修理。

2. 工程质量保修期限

《建设工程质量管理条例》规定，在正常使用条件下，建设工程的最低保修期限为：① 基础设施工程、房屋建筑的地基基础工程和主体结构工程，为设计文件规定的该工程的合理使用年限；② 屋面防水工程、有防水要求的卫生间、房间和外墙面的防渗漏，为5年；③ 供热与供冷系统，为2个采暖期、供冷期；④ 电气管线、给水排水管道、设备安装和装修工程，为2年；⑤ 其他工程保修期限由发包方与承包方约定，建设工程保修期自竣工验收合格之日起计算。

3. 工程保修责任

建设工程在保修范围和保修期限内发生质量问题，全过程工程咨询单位应督促监理立即分析原因，找出责任单位，并要求相关责任单位在规定时间内完成修补工作。若责任单位拒不或迟迟不予处理的，由全过程工程咨询单位上报投资人认可后，可另行委托施工单位给予维修，产生的费用从责任单位保修金内支出。质保期满后，全过程工程咨询单位应组织使用人、物管方、监理单位以及施工单位进行质量缺陷的检查，确认无质量缺陷后，办理书面手续，并以此作为退还质保金的依据。

在保修期过后，施工单位的质保义务解除，全过程工程咨询单位完成质保金退还手续后，相应的义务也完成。

4. 处理方法

建设项目一般比较复杂，往往存在由多种修理原因。所以，责任主体必须根据修理项目的性质、内容和修理原因诸因素确定，由全过程工程咨询单位组织监理和施工单位共同确认。一般分为以下几种处理方法：

（1）修理工程确实由于施工单位施工责任或施工质量不良遗留的隐患，应由施工单位承担全部修理费用；

（2）修理工程是由使用单位和施工单位双方的责任造成的，双方应实事求是地共同商定各自承担修理费用；

（3）修理工程是由于甲供设备、材料、成品、半成品及工业产品等质量不良原因造成的，应由设备、材料供应厂家或投资人承担修理费用；

（4）修理工程是因用户使用不当，造成建筑物功能不良或损坏，应由使用单位承担全部修理费用；

（5）涉外工程的保修问题，除按照上述处理办法外，还应按照合同条款的有关规定执行。

第五章　全过程工程合同管理咨询服务

第一节　全过程项目合同管理策划

一、合同目标策划

(一) 通过对建设工程合同的管理，达到工程建设预期的理想效果

建设工程由于涉及工程的发包商作为发包主体，将建设工程委托给承包人进行承建，由于主体双方信息的不对称，双方的最终目标可能出现偏差。因此，在这种委托—代理关系确立之时，通过签订建设工程合同，约定最终工程的建设目标，通过以合同管理的方式，达到承包人的最终目标与发包商目标的一致性。同时，具体的承包人又涉及将工程进行再一次分包处理，结果就会导致工程质量出现越来越大的偏离。因此，只有通过以合同管理的形式，事先约定工程的质量标准，才可以达到工程建设的预期效果，保证工程的质量，使得建设目标从发包商到最终的承包人均一致的效果。

(二) 缩短工程工期、降低工程成本，使投资收益最大化

作为理性的经济人，在建设工程项目中的每一参与主体都会从自身利益最大化的角度出发，在项目建设过程中难免会出现诸多问题。由于建设工程作为一个非常庞大的复杂性系统，其需要管理的内容非常多，通过合同管理的形式，明确每一部分、每一环节、每一人员的责任和义务，以及需要达到的目标，这样就可以有效地控制工程建设的各种成本，减少部门之间的沟通协调费用，降低成本，通过合同的激励效益可以在保证工程质量的同时，缩减工程周期，使承包人发挥自身最大的效益。也只有通过这种方式，明确了各方的权利义务，调动各方的积极主动性，扩大受益，降低成本，才能最终达到投资者投资效益的最大化，实现整体社会效益的最优。

(三) 以合同管理的形式，明确各方的权利和义务

在工程建设过程中，矛盾与分歧在所难免，如何将这些分歧减少到最少是工程合同管理的一大目标。建设工程中，各方签订的合同就是事先以约定的方式来明确自身的责任、权利与义务，当出现问题，协商不能够解决的时候，就需要按照合同事先约定的事项进行处理，从而达到双方目标的一致性。而对于合同管理还有一大任务，就是可以在项目一方出现违约的情况下的处理，通过合同的约定，在一方出现违约或者工程质量、进度没有达到事先约定的水平时，受损方可以要求另一方进行赔偿。因此，在对建设工程的合同管理进程中，应该尽可能服务于这三大目标，使得合同管理的目的性更加明确。

二、合同策划内容

建设工程合同内容包括中标通知书、投标书及其附件、标准、规范及有关技术文件、图纸、工程量清单、工程报价单或预算书等，与合同条件共同组织完整的工程合同。建设工程合同内容策划就是建设工程合同条件的编写策划，包括工程合同条件制定、标准合同条件选择、主要合同条款的确定等。

建设工程合同条件指书面的合同条件，包括合同双方当事人的权利和义务关系、工程价款、工期、质量标准、合同违约责任和争议的解决等内容，是工程合同的核心文件。简单工程合同条件可能只是一份简单的合同。目前，国际工程和国内工程普遍采用标准合同或示范文本。合同大部分内容已经标准化，只有部分空白条款需要由合同当事人双方确定。如果存在通用合同条件和专用合同条件，则通用合同条件一般不变，合同主要条款通过专用条件的有关条款由双方协调确定。

在建设工程实践中，建设工程合同一般选用标准合同条件。投资人在合同策划时，应对一些重要的合同条款进行研究和确定，包括合同的实质性条款，即合同标的，数量，质量，价款或者报酬，履约的期限、地点和方式，违约责任，解决争议的办法等内容，合同主要条款有：

(1) 工程承包范围，包括工作内容具体描述和工作界面的明确划分等；

（2）合同工期，包括开工时间、竣工时间、工期延误及工期违约处理等；

（3）各方一般权利与义务，包括投资人、咨询人、承包人和设计人的一般权利和义务，以及投资人对咨询人的授权约定等；

（4）限额设计，包括限额设计的范围、设计标准、限额设计指标、奖惩等；

（5）质量与检验，包括工程质量执行和验收的规范和标准，验收的程序，以及质量争议的处理等；

（6）安全施工，包括安全施工与检查，安全风险防范，事故处理及争议解决等；

（7）合同价款与支付，包括合同价款、变更调整条件和方式，价格风险分配，价款支付，结算审计及履约保证等；

（8）材料设备供应，包括承发包双方供应的材料设备划分，检验、保管责任及材料设备价格的确定等；

（9）竣工验收及结算，包括竣工验收及结算方式，以及工程保修的约定等；

（10）违约及索赔，包括承发包双方的违约责任及处理方式，以及激励措施等；

（11）争议解决方式、地点，适用于合同关系的法律及转包、分包的约定等。

项目管理的控制是通过合同来实现的，合同条款的表达应清晰、细致、严密，不能自相矛盾或有二义性，合同条件应与双方管理水平相配套，过于严密、完善的合同没有可执行性；最好选用双方都熟悉的合同条件，便于执行。投资人应理性地对待合同，合同条件要求合理但不苛刻，应通过合同来制约承包人，但不是捆住承包人。同时，为使承包人投标时能充分考虑合同条件、责任范围和风险分配，合理地降低承包人报价中的不可预见风险费用，宜在招标文件中给出合同的全部内容。由于投资人起草招标文件和草拟合同文本，居于合同的主体地位，应确定的主要合同条款包括：适用于合同关系的法律及争执仲裁地点、程序；付款方式，合同价格的调整条件、范围、调整方法；合同双方风险的分担，即将风险在投资人与承包人之间合理分配；对承包人的激励措施，恰当地采取激励措施可激励承包人缩短工期、

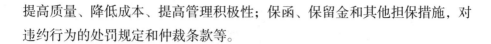

提高质量、降低成本、提高管理积极性；保函、保留金和其他担保措施，对
违约行为的处罚规定和仲裁条款等。

三、合同策划流程

(一)项目合同形成过程

1.工程招投标

工程招投标是国际通行的工程建设预期管理方式，是完全以市场经济
的运行方式与结构为基础而进行的工程建设管理方式。建设工程的招标，是
指依据拟建的工程投资人或投资人向社会范围内征集承包单位，在法定程序
下吸引各承包单位就建设项目竞争，然后根据各竞争单位的基本指标优先选
择与建筑项目相符合的承包人来完成工程建设的任务的过程。建设工程的投
标，是指建设项目承包单位在通过相应的审查程序后取得参加竞标的资格，
然后根据投资人提供的招标文件的各项要求，在限定的时间内向投资人提供
相应的投标书，以争取中标的过程。

目前，大部分建设工程项目合同都是通过招标、投标程序订立的，要
经过招标、投标、开标、评标、定标和签订合同等几个阶段，各阶段间的协
调、统一是至关重要的。合同既是招标的决策结果，也是项目实施控制的依
据。这就要求合同条款的诸多内容需要在项目的招标阶段必须明确，中标通
知书、工程量清单、投标文件是合同的组成部分，合同签订与招标、投标密
不可分。工程招标文件和投标书是建设工程合同的主要组成部分，也是重中
之重，它是建设工程合同管理的依据。

合同条款是建设项目的实施阶段依据，对工程质量、工期、竣工决算、
变更、索赔等建设项目的实施发挥着非常重要的影响，这样的影响极具深刻
性。由于建设项目的工程招标和建设施工有着密切关系，投资人的管理人员
既要对工程的招投标活动进行监督，又要对施工合同的签订和执行进行监
督。首先，这种关系在于建设项目建设工程招标过程就是施工合同的谈判和
订立的过程，也就是说承投资人双方当事人提出订约提议以及接受订约提议
的协商过程。其次，从市场的交易行为来看，建设项目工程招投标是一种交
易行为的过程，在这个工程中，承投资人双方还没有建立依靠法律的交易关

系，这种关系得到了相关的招投标方面的法律法规的调整，只有通过决标之后，承投资人双方签订了施工合同，这种交易行为才通过合同这种具有法律效力的形式被确定下来。只有这样，双方的权利和义务关系才得以确定，合法利益才能得到法律的保护。再次，从招标投标的跟踪管理以及评价招投标是不是成功的角度来看，要体现招投标是不是成功，只有通过监督和检查双方对施工合同的各项条款的履约情况来体现。最后，从住房和城乡建设部制定的建设工程施工招标文件范本和建设工程施工合同的文本来看，建设项目招标文件当中有合同的主要条款。反过来说，招标文件是组成合同的主要文件。所以说，两者是互为主要内容的，建设项目的工程招标和合同管理是不可分割的。

2. 合同谈判

工程项目经过招标、投标、开标等阶段后，投资人经过研究，往往选出两三家投标者就工程价格及合同条款等进行谈判，然后择优选择中标者。这一过程习惯上称为商务谈判。合同谈判应朝着争取签订合同的方向发展。签订一份公正、公平、合理的合同应该是投资人和承包人追求的共同目标。一份好的合同并不是对某一方特别有利、对另一方特别不利，而是合同双方通过谈判都认为已在合同中最大限度地实现了自己的利益，满足了自己的要求。

投资人通过谈判，了解投标者报价的构成，进一步审核和压低报价。进一步了解和审查投标者的施工规划和各项技术措施是否合理，以及项目经理班子力量是否雄厚，能否保证工程的质量和进度。根据参加谈判的投标者的建议和要求，也可吸收其他投标者的合理建议。对设计方案、图纸、技术规范进行某些修改后，估算可能对工程报价和功能质量的影响等。

在实际工作中，投资人将谈判分为决标前和决标后两个阶段进行。在决标前，为投资人与初选出的几家投标者谈判的主要内容有两个方面：一是技术答辩；二是价格问题。技术答辩由评标委员会主持，了解投标者如果中标后将如何组织施工，如何保证工期和质量，对技术难度较大的部位采取什么措施等。投标者在编制投标文件时已有准备，但在开标后还应该在这方面进行仔细的准备，争取顺利通过技术答辩。价格问题是双方关注的十分重要的问题，投资人会利用他的有利地位，要求投标者降低报价，并就工程款额中由外汇比率、付款期限、贷款利率（对有贷款的投标）以及延期付款条件，甚至带资承包等方面要求投标者让步。投标者在此阶段一定要沉着冷静，在适当时机适当地、逐步地让步。因此，谈判有时会持续较长时间。经过决标前的谈判，投资人确定中标者并发出中标通知书，这时投资人和中标者还要进行决标后的谈判，即将过去双方达成的协议最后签署合同协议书，对价格及所有条款加以确认。决标后，中标者地位有所改善，他可以利用这一点，积极、有理有据地同投资人进行决标后的谈判，争取协议条款公正合理。

投资人和中标者在对价格和合同条款达成充分一致的基础上，可签订合同协议书，这样双方就建立了受法律保护的经济法律关系。至此，招标投标工作即告完成。

3. 合同签订

合同签订的过程，是双方当事人经过互相协商最后就各方的权利、义务达成一致意见的过程，签约是双方意志统一的表现。合同作为当事人从建立到终止权利关系的一个动态过程，始于合同的订立，终结于适当履行或者承担责任。任何一个合同的签订都需要当事人双方进行一次或多次的协商，最终达成一致意见，而签订合同则意味着合同的成立。

签订施工合同的准备工作时间很长，实际上准备招标文件开始，继而经过招标、投标、评标、中标，直至合同谈判结束为止的一整段时间。合同目标确定后，搜集相关信息、熟悉相关的法律法规及行业相关文件，其中建设行业涉及相关法律有很多，诸如合同法、环境保护法、土地管理法及实施条例、物权法、城镇土地使用税暂行条例及实施细则、土地增值税及实施细则、建筑法、招投标法等，还有一些相关规定、通知等文件都是起草合同的依据，对是否签订合同、和谁签订合同、签订什么类型的合同有了初步的意向，进入了合同签订阶段。这个阶段是真正的决策阶段，是确立方向的阶段。这个阶段管理好坏直接影响合同执行的成败，乃至企业发展的成败，是整个合同管理至关重要的阶段。

招标人和中标人应当自中标通知书发出之日起30日内，按照招标文件和中标人投标文件订立书面合同且双方不得再行订立背离实质性内容的其他协议。中标人不与招标人签订合同其投标保证金不予退还，并需取消其中标资格，若给招标人造成的损失超过投标保证金数额，中标人应当予以赔偿；未提交投标保证金的，应对招标人的损失进行赔偿。招标人无正当理由不与中标人签订合同，应当给予中标人赔偿。提交履约担保后，招标人应将中标结果通知投标申请人，退回投标保证金。招标人与中标人签署合同协议后7日内，招标人和中标人应将合同送工程所在地的县级以上地方人民政府建设行政主管部门备案。

（二）项目合同管理策划

1. 合同管理组织结构

合同的管理组织本身是一个小系统。要想做好合同管理组织，既需要加强各个环节的监管，也需要以工程项目为基础，构建起完整的总承包、咨询、分包、材料设备、劳务等的招标投标和合同管理体系。投资人按照职能分工设置职能部门，有的投资人设立负责所有工程合同管理工作的合约管理部门，有的投资人将合同分解后由不同部门分别进行管理。

2. 合同管理制度

（1）建立合同管理责任制度

合同管理责任制度的建立有利于投资人内部各部门间的分工与协作，做到责任明确，逐级负责，落实到人。有利于调动投资人合同管理人员及合同履行中涉及的有关人员的积极性，促进合同管理工作正常开展，合同圆满完成。

（2）制定合同管理目标制度

合同管理目标制度是投资人在合同管理活动中要达到一定的合同目标所形成的一种管理制度。投资人通过制定合同管理目标，可以在合同履行过程中，经过周密的计划，及时组织、指挥、督促和协调，力求使投资人内部各部门、各环节相互配合，充分利用人、材、机具、方案、环境等有利因素，保证投资人经营管理生产活动顺利进行，提高投资人的管理水平。

（3）建立投资人内部合同审查批准制度

合同审查批准制度在投资人合同管理中具有十分重要的地位。因为工程建设合同涉及法律、投资人成本与计划、工程技术、财务管理等方面的问题，为了使工程合同在签订后合法有效、便于履行，就必须在签订前进行审查、批准的程序。审查主要是指在合同签订之前由各职能部门审查会签，再由投资人合同主管部门或法律顾问室统一审查。批准主要是指由投资人法人或法定代表人签署是否同意对外签订合同的意见。从新的决策理论来说，群策群力，集思广益，充分征求各方的意见后所形成的决策是避免决策失误的最好方法。

（4）建立投资人内部合同会签和印章制度

会签制度有利于发挥各职能部门的作用，促进投资人各部门之间的衔接和协调。投资人合同专用章是投资人在经营活动中对外行使权利、承担义务、签订合同的凭证。因此，投资人对合同专用章的登记、保管、使用等都要有严格的管理，且形成制度。

（5）制定合同管理检查奖惩制度

建筑工程合同管理因其生产的"产品"的特殊性，决定了合同管理具有许多特点，如：合同管理时间长、合同变更频繁、管理难度大；合同管理法律要求高、系统性强等。作为投资人合同管理部门，必须经常对合同的签订、履行情况等进行检查，发现问题及时研究处理。对在合同管理过程中执行比较好的部门和人员应给予表扬和奖励。实行合同管理检查奖惩制度是保证合同管理工作顺利进行、维护投资人利益、激发投资人合同管理人员及相关人员积极性的重要措施。

（6）建立合同统计考核制度

合同统计考核制度是投资人统计管理工作的重要组成部分。运用科学的统计方法，通过对合同统计数据、表格的分析，可以发现问题、找出差距和不足，不断总结经验。为投资人的经营决策提供重要的理论数据。投资人合同统计考核制度包括统计方法、统计范围、表格填报时间和规定等。

（7）建立合同管理评审制度

加入 ISO 9000 国标的投资人均有合同管理评审制度。建立合同管理评审制度可以不断地对投资人的合同管理工作进行持续改进，使之更加具有科学性、规范性、系统性、实用性。合同管理具有明显的经济效应和社会效应的特点，合同管理工作做得比较好的投资人不但可以建立良好的社会信誉，而且可以明显提高经济效益。它对投资人增强市场竞争能力，推进投资人不断发展具有重要的意义。因此，我们要重视投资人的合同管理工作，建立合同管理体系和管理制度，从而提高投资人的管理水平。

(三)项目合同结构策划

1. 合同分解

合同分解是指根据项目内容将建设合同分解为不同层次和不同内容的合同包。在结合工程项目本身的特点以及考虑到工程项目管理方法的情况下对合同进行分解。

2. 合同归类与分包

由于进行过初步的合同分解后，通常会有合同包数量过多的问题，为了减少合同包数量，减少合同的管理工作负担，通常投资人可以根据一定的方法将一部分合同进行归类，然后在之后的招投标中按照分类进行合同的发包。这样做不但减轻了投资人的工作量，而且有利于促进分包以及供货商的有益竞争，更利于合同管理及绩效考核。

3. 合同规划协调

投资人的合同规划与协调这两项工作密切相关。加入合同由于分类不清界限模糊导致争执或纠纷，不但增加争执双方的工作量，而且有可能扩大项目的风险，甚至影响到项目目标的实现。投资人合同规划协调主要工作如下。

(1)内容界定

清晰和完善的建筑合同是减少在建筑合同履行过程中发生争执的最有效的方法。为了减少在合同中出现的谬误，投资人合约负责人应当组织专业人员认真审查项目的定义及规定，仔细检查合同中是否存在遗漏。

(2)总分协调

投资人合约负责人应当组织专业人员认真检查各分包合同与项目总合同之间存在的关系，确保总合同与分包合同在各种意义上的连贯性和协调统一。

(3)时空协调

建设合同之间存在种种复杂的关系，这些关系不但包含时间，还包含空间的关系。因此，需要投资人合约负责人组织专业人员对合同之间在时间以及空间上存在的问题进行明确界定和协调，确保施工阶段的流畅性及整体性。

(四) 项目合同内容策划

施工合同内容策划就是对施工合同的内容进行策划，其中包括合同条件制定、标准合同条件的选择、主要条款的制定等。在实际工程中，经常选用标准合同条件作为基本的合同条款。国际上也有相应的机构定期出版各类工程合同标准条件以供使用者选择。有时订立合同的双方会对合同有特殊需求，这是可根据自身情况委托相应机构帮助订立合同条件。全部的合同条件制定好后，合同的当事人还需要组织专业人员对合同的条款做整体的把握，确保合同内容的真实与意思表达无误。必要时还应组织相应专家进行评审，以避免合同条件出现的谬误给后续工作带来的损失。

四、策划注意事项

(一) 合同的签订主体

由于建设工程是比较复杂的工程项目，对于合同的签订而言，会存在不同的签订主体，因此，在对建设工程合同的管理过程中，应该明确合同的签订主体，明确签订主体才能有效防范和控制风险。

(二) 合同文本的规定事项

在对建设工程合同进行管理时，首先，应该明确合同签订所适用的法律法规，这在国际工程项目中尤其重要。其次，应该对合同签订时的中标书、建设协议书、工程图纸、工程的预结算资料加强管理，明确合同中的相关事项条款，对其中的特别事项规定应该引起注意。

(三) 合同约定的建设工程价款

工程价款作为建设工程合同管理的重要方面，是指建设工程在正常完工的情况下，投资人需要付给承包人的总款项，对于建设工程合同价款的管理一般是事前由承包人和投资人共同商议决定的，但最终的价款则需要在该协议价款上进行适当修改，以弥补工程质量、完工期限等方面的问题。

(四) 工程进度约定

工程进度对于建设工程企业来说是非常关键的，这关系到承包人能否按照发包商的要求及时交付工程，从而也涉及最终承包人能够具体获得多少工程价款。对于工期，在建设工程合同中一般都会加以明确，在工程进度中，双方也会约定一旦工程出现不能按时交付的责任归属和赔偿与免责情形。

(五) 建设工程的验收

建设工程的交付与验收，是工程得以完工的最终标志，也是承包人与发包商权利与义务即将得到终结的标志。工程的验收一般经由发包商或者有发包商委托代理的监理工程方进行确定。如果工程在规定期限内得到顺利验收，标志工程的完结。但如果工程的验收质量不合格，则需要承包人按照发包商的要求，再重新进行确定，保证工程质量，同时承包人在工程完工后的一定期限内承担有工程的保修责任。

(六) 工程风险

建设工程由于其特殊性，影响工程进度、质量的风险因素比较多，受到外部环境的影响较大，对于建设工程而言，不确定性增强。在建设工程合同中，应该尽可能地将预知的风险详细描述，同时对于规避风险的措施以及发生风险之后的处理措施都应该给予详细说明，才能够在工程施工进程中减少各方的矛盾纠纷。而且，在各方签订工程项目合同时，应该对提供的材料进行详细审核与说明，合理预知风险，对于未知的风险应该尽可能协商处理，共同承担相应的风险损失。

(七) 索赔

索赔是建设工程合同中非常重要的一项，建设工程因为其复杂与专业性，在施工的过程中，工程很容易受到外部环境的干扰，导致工程出现许多问题。因此，当自身的利益受损之后，而且确定是由于对方的过失导致的自身利益损失，这时就可以按照合同里的相关条款规定，向责任方进行索赔。

如果双方对于责任的归属问题不能详细划分，则在合同中也应该作出规定，由独立、公正的第三方机构进行仲裁确认，一经确认，责任方应该立即作出赔偿。

(八) 违约责任

一般违约责任和合同的赔偿条款是联系在一起的，违约责任是指合同的一方因为自身的失误或者由于客观环境等因素造成，但责任归结于自身，给合同另一方造成了损失、伤害时，需要确定自身的责任行为。在建设工程合同中，应该具体规定违约情形，并根据不同情形确定相应的违约责任，同时，合同中也应该对当违约发生时、确定责任归属之后、具体的赔偿方案的选择作出明文规定。

第二节　合同形成阶段的合同管理

一、合同体系确定

(一) 依据

1. 工程方面

工程项目的类型、总目标、工程项目的范围和分解结构（WBS），工程规模、特点，技术复杂程度，工程技术设计准确程度，工程质量要求和工程范围的确定性、计划程度，招标时间和工期的限制，项目的营利性，工程风险程度，工程资源（如资金、材料、设备等）供应及限制条件等。

2. 承包人方面

承包人的能力、资信、企业规模、管理风格和水平，在建设项目中的目标与动机，目前经营状况、过去同类工程经验、企业经营战略、长期动机，承包人承受和抵御风险的能力等。

3. 环境方面

工程所处的自然环境，建筑市场竞争激烈程度，物价的稳定性，地质、气候、自然、现场条件的确定性，资源供应的保证程度，获得额外资源的可能性，工程的市场方式（流行的工程承发包模式和交易习惯），工程惯例等。

（二）内容

全过程工程咨询单位在合同策划中的管理工作主要是合同管理策划及合同结构策划。

1. 合同管理策划

合同管理策划的内容包括制定合同管理原则、组织结构和合同管理制度。

（1）制定合同管理的原则

① 所有建设内容必须以合同为依据；

② 所有合同都闭口；

③ 与组织结构相联系；

④ 与承包模式相联系；

⑤ 尽量减少合同界面；

⑥ 动态管理合同。

（2）制定合同管理组织结构

合同管理任务必须由一定的组织机构和人员来完成。要提高合同管理水平，必须使合同管理工作专门化和专业化。全过程工程咨询单位应设立专门机构或人员负责合同管理工作。

（3）制定合同管理制度

主要包括制定合同体系、合同管理办法以及合同审批制度。使合同管理人员明确项目合同体系、合同管理要求、执行合同审批流程。

2. 合同结构策划

合同结构策划主要包括合同结构分解和合同界面协调。

（1）合同结构分解

① 结构分解

工程项目的合同体系是由项目的结构分解决定的，将项目结构分解确定的项目活动，通过合同方式委托出去，形成项目的合同体系。一般建设项目中，全过程工程咨询单位首先应决定对项目结构分解中的活动如何进行组合，以形成一个个合同。

② 合同的结构分解的编码设置

全过程工程咨询单位在结构分解以后，为便于管理，应建立相应的合同编码体系。合同的编码设计直接与 WBS 的结构有关，一般采用"父码 + 子码"的方法编制。合同结构分解在第一级表示某一合同体系，为了表示合同特征以及与其他合同的区别，可用 1~2 位数字或字母表示，或英文缩写，或汉语拼音缩写，方便识别。第二级代表合同体系中的主要合同，同样可采用 1~2 位的数字或英文缩写，汉语拼音缩写等表示。以此类推，一般编到各个承包合同。根据合同分解结构从高层向低层对每个合同进行编码，要求每个合同有唯一的编码。

（2）合同界面协调

合同界面按照合同技术、价格、时间、组织协调进行统一布置。

二、合同内容确定

（一）依据

(1)《中华人民共和国合同法》；

(2)各类合同的管理办法，如《建筑工程施工发包与承包计价管理办法》《建设工程价款结算暂行办法》等；

(3)勘察、设计类合同的示范文本，如《建设工程勘察合同（示范文本一）》《建设工程设计合同（示范文本）》；

(4)施工类合同的示范文本，如《建设工程施工合同（示范文本）》《建设工程施工专业分包合同（示范文本）》；

(5)服务类合同的示范文本，如《建筑工程招标代理合同（示范本文）》《建筑工程造价咨询合同（示范文本）》等；

(6)项目的特征，包含项目的风险、项目的具体情况等；

(7)其他相关资料，如委托方的需求。

（二）内容

合同内容的策划主要包括合同的起草、重要合同条款的确定以及合同计价类型的选择。

1. 合同条件的起草

合同条件中应当包含以下条款。

(1) 合同当事人的名称(或姓名)和地址。合同中记载的当事人的姓名或名称是确定合同当事人的标志,而地址则对确定合同债务履行地、法院对案件的管辖等方面具有重要的法律意义。

(2) 标的。标的即合同法律关系的客体。合同中的标的条款应当标明标的的名称,以使其特定化,并能够确定权利义务的范围。合同的标的因合同类型的不同而变化,总体来说,合同标的包括有形财务、行为和智力成果。标的是合同的核心,是双方当事人权利和义务的焦点。没有标的或者标的不明确的,合同将无法履行。

(3) 数量。合同标的的数量衡量合同当事人权利义务大小。它将标的定量化,以便计算价格和酬金。合同如果标的没有数量,就无法确定当事人双方权利和义务的大小。双方当事人在订立合同时,必须使用国家法定计量单位,做到计量标准化、规范化。

(4) 质量。合同标的质量是指检验标的内在素质和外观形态优劣的标准,是不同标的物之间差异的具体特征,它是标的物价值和使用价值的集中体现。在确定标的的质量标准时,应当采用国家标准或者行业标准,或有地方标准的按地方标准签订。如果当事人对合同标的的质量有特别约定时,在不违反国家标准和行业标准的前提下,双方可约定标的的质量要求。

(5) 价款和报酬。价款和报酬是指取得利益的一方当事人作为取得利益的代价而应向对方支付的金钱。价款通常是指当事人一方为取得对方转让的标的物,而支付给对方一定数额的货币。酬金通常是指当事人一方为对方提供劳务、服务而获得一定数额的货币报酬。根据市场定价机制确定合同价款,如招标竞价等。

(6) 履行期限、地点和方式。履行的期限是指当事人交付标的和支付价款报酬的日期;履行地点是指当事人交付标的和支付价款报酬的地点;履行方式是合同当事人履行合同和接受履行的方式,即约定以何种具体方式转移标的物和结算价款和酬金。

(7) 违约责任。违约责任是指合同当事人一方或双方不履行或不完全履行合同义务时,必须承担的法律责任。违约责任包括支付违约金、赔偿金、继续履行合同等方式。法律有规定责任范围的按规定处理，法律没有规定范围的按当事人双方协商约定办理。

（8）解决争议的方法。解决争议的方法是指合同当事人解决合同纠纷的手段、地点，即合同订立、履行中一旦产生争议，合同双方是通过协商、仲裁还是通过诉讼解决其争议。

2. 合同中重要条款的确定

（1）全过程工程咨询单位义务

① 全过程工程咨询单位根据投资人的要求，应在规定的时间内向施工单位移交现场，并向其提供施工场地内地下管线和地下设施等有关资料，保证资料的真实、准确和完整；

② 全过程工程咨询单位应按合同的有关规定在开工前向承包人进行设计交底、制定相关管理制度，并负责全过程合同管理，支付工程价款的义务；

③ 按照有关规定及时协助办理工程质量、安全监督手续；

④ 其他义务。

（2）监理单位义务

监理单位根据《建设工程监理规范》及监理合同的约定，可以对项目前期、设计、施工及质量保修期全过程监理，包括质量、进度、投资控制、组织协调、安全、文明施工等，如：发布开工令、暂停施工或复工令等；工期延误的签认和处理等；施工方案认可、设计变更、施工技术标准变更等，并配合全过程工程咨询单位进行工程结算和审计工作。

（3）总承包人的义务

① 除按一般通用合同条款的约定外，在专用合同条款中约定由投资人提供的材料和工程设备等除外，总承包人应负责提供为完成工作所需的材料、施工设备、工程设备和其他物品等，并按合同约定负责临时设施的统一设计、维护、管理和拆除等。

② 总承包人应当对在施工场地或者附近实施与合同工程有关的其他工作的独立承包人履行管理、协调、配合、照管和服务义务，并在合同中约定清楚由此发生的费用是否包含在承包人的签约合同价中。

③ 总承包人还应按监理单位指示为独立承包人以外的他人在施工场地

或者附近实施与合同工程有关的其他工作提供可能的条件，并在合同中约定清楚由此发生的费用是否包含在承包人的签约合同价中。

④ 其他义务。总承包人应遵从投资人关于工程技术、经济管理(含技术核定、经济签证、设计变更、材料核价、进度款支付、索赔及竣工结算等)、现场管理而制定的制度、流程、表格及程序等规定，并负责管理与项目有关的各分包商，统一协调进度要求、质量标准、工程款支付、安全文明施工等方面。

(4) 分包商

除按一般通用合同条款的约定，还应在专用条款作如下约定。

① 除在投标函附录中约定的分包内容外，经过投资人、全过程工程咨询单位和监理单位同意，承包人可以将其他非主体、非关键性工作分包给第三人。但分包人应当符合相关资质要求并事先经过投资人、全过程工程咨询单位和监理单位审批，投资人、全过程工程咨询单位和监理单位有权拒绝总承包人的分包请求和总承包人选择的分包商。

② 在相关分包合同签订并报送有关行政主管部门备案后规定时间内，总承包人应将副本提交给监理单位，总承包人应保障分包工作不得再次分包。

③ 未经投资人、全过程工程咨询单位和监理单位审批同意的分包工程和分包商，投资人有权拒绝验收分包工程和支付相应款项，由此引起的总承包人费用增加和(或)延误的工期由总承包人承担。

(5) 付款方式

① 一次性付款。此种付款方式简单、明确，受到的外力影响因素较少，手续相对单一。即投资人在约定的时间一次履行付款义务。该方式适用于造价低、工期短、内容简单的合同。

② 分期付款。一般分为按期付款和按节点付款。在总承包施工合同实施中，如按月度付款、按季度付款，即当月、当季完成的产值乘以付款比例进行支付；按节点付款，如根据工程实施节点、主体、二次结构、竣工等，完成相应进度才给予支付对应的进度款。

③ 其他方式付款。主要依据合同约定付款形式。如设计单位先行付款方式。

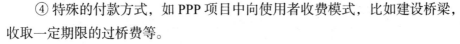

④ 特殊的付款方式，如 PPP 项目中向使用者收费模式，比如建设桥梁，收取一定期限的过桥费等。

（6）合同价格调整

合同中应明确约定合同价格调整条件、范围、调整方法，特别是由于物价、汇率、法律、规税、关税等的变化对合同价格调整的规定。

（7）对承包人的激励措施

如：对提前竣工，提出新设计，使用新技术、新工艺使建设项目在工期、投资等方面受益，可以按合同约定进行奖励，奖励包括质量奖、进度奖、安全文明奖等。

3. 合同计价类型选择

按照计价方式，可以分为单价合同、总价合同和成本加酬金合同。

（1）单价合同

单价合同是最常见的合同种类，适用范围广。如实行工程量清单计价的工程，应采用单价合同，FIDIC 施工合同条件也属这样的合同。在这种合同中，承包人仅按合同规定承担报价的风险，即对报价（主要为单价）的正确性和适宜性承担责任，而工程量变化的风险由投资人承担。由于风险分配比较合理，能够适应大多数工程，能调动承包人和投资人双方的管理积极性。单价合同又可分为固定单价合同和可调单价合同两种形式。

① 固定单价合同。签订合同双方在合同中约定综合单价包含的风险范围，在约定的风险范围内综合单价不再调整。风险范围以外的综合单价调整方法，在合同中约定。

② 可调单价合同。一般在招标文件中规定合同单价是可调的，合同签订的单价根据合同约定的条款，如在工程实施过程中物价发生变化等，可作调整。

（2）总价合同

完成项目合同内容后，以合同总价款支付工程费用。合同总价款在合同签订时确定并固定，不随工程的实际变化而变化。总价合同以一次包死的总价格委托给承包人。在这类合同中，承包人承担了工作量增加和价格上涨的风险，除非设计有重大变更，一般不允许调整合同价格。总价合同可分为固定总价合同和可调总价合同两种类型。

（3）成本加酬金合同

成本加酬金合同也称为成本补偿合同，是指工程施工的最终合同价格是按照工程的实际成本再加上一定的酬金计算的。在合同签订时，工程实际成本往往不能确定，只能确定酬金的取值比例或者计算原则。

在这类合同中，承包人不承担任何风险，而投资人承担了全部工程量和工程价格风险。在这种合同体系中，承包人在工程中没有成本控制的积极性，不仅不愿意降低成本，还有可能期望提高成本以提高工程经济效益。一般在以下情况下使用：投标阶段依据不准无法准确估价，缺少工程的详细说明；工程特别复杂，工程技术、结构方案不能预先确定；时间特别紧急，如抢险、救灾以及施工技术特别复杂的建设工程，双方无法详细地计划和商讨。

三、合同文件评审

（一）依据

（1）《中华人民共和国合同法》；

（2）《中华人民共和国建筑法》；

（3）《中华人民共和国招标投标法》；

（4）《中华人民共和国招标投标法实施条例》；

（5）本地区的招投标管理办法；

（6）适用于本工程的技术标准与规范等；

（7）招标人对项目的具体要求、签订的合同体系、合同管理制度等。

（二）内容

合同的评审主要包括对合同合法性、完备性、统一性及合同各方的风险分析。

1. 合同的合法性审查分析

这是对工程合同有效性的控制，通常由全过程工程咨询单位的合同管理人员或全过程工程咨询单位聘请的律师完成。

工程合同必须在合同的法律基础范围内签订和实施，否则会导致合同全部或部分无效。这是最严重的、影响最大的问题。在不同的国家，对不同的工程（如公共工程或私营工程），合同合法性的具体内容可能不同。合同合法性审查分析主要包括：

（1）合同当事人资格的审查。合同当事人应具备相应的民事权利能力和民事行为能力。

（2）合同客体资格的审查。即工程项目应具备招投标、签订和实施合同的一切条件。如工程项目建设所需要的各种批准文件、建设资金来源已经落实等。

（3）合同内容的合法性审查。合同条款和所指的行为应符合法律规定。如工程价款中分包内容、安全文明施工、工程排污、劳动工资标准、劳动保护、环境保护的规定等应符合法律的要求。

2. 合同的完备性审查分析

一个工程合同是要在一定的环境条件下完成一个确定范围的工程项目，则该承包合同所应包含的项目范围、工程管理等的各种说明、工程过程中所涉及的，以及可能出现的各种问题的处理，双方权利和义务等，应有一定的界定。合同的完备性审查应由全过程工程咨询单位的项目经理负责，重点是对专用条款的审查。

3. 各合同间的统一性

建设项目中存在多种合同类型，为保证建设项目的成功，全过程工程咨询单位应对各合同的进度、内容等进行统一，保证各个合同之间的有效对接，避免出现前期工作延误导致后续工作进度拖延的情况。

4. 合同各方风险分担分析

合同签订各方承担的风险分析，也就是对各方的权责利关系进行分析，合同应公平合理地分配双方的权利、义务和责任，使其达到总体平衡。在合同审查中应列出各方的义务权利和责任，在此基础上进行风险分担分析。

5. 合同条款的审查

首先要审查合同条款是否对合同履行过程中的各种问题都进行了全面、具体和明确的规定，有无遗漏。若有遗漏，需要补充有关条款，然后审查合同条款是否存在以下情况。

（1）合同条款之间存在矛盾性，即不同条款对同一具体问题的规定或要求不一致；

（2）有过于苛刻、单方面的约束性条款，导致当事人双方在合同中的权利、义务与责任不平衡；

（3）条款中隐含较大的履约风险；

（4）条款用语含糊，表述不清；

（5）对当事人双方合同利益有重大影响的默示合同条款等。

如果存在以上问题，需要工程合同当事人双方通过协商对合同条款进行修改、补充、明确，达成一致意见，避免在合同履行过程中引起合同纠纷，妨碍建设工程项目的顺利实施。

合同审查是一项综合性很强的工作，要求合同管理人员必须熟悉与建设工程项目建设相关的法律、法规，精通合同条款，对建设工程项目环境条件有全面的了解，有丰富的工程合同管理经验。通过合同审查，有效帮助当事人双方订立更加完善、权利义务与责任分配和风险分配更加合理的合同。

6.合同审查表

合同审查表是进行工程合同审查的重要技术工具。合同审查表主要由编号审查项目、合同条款号、条款内容、审查说明、建议或对策等几部分组成。

四、合同法律风险

（一）合同形成阶段法律风险识别

1.串通投标的法律风险

在招标投标程序中，特别是某一企业集团内部的单位之间，往往会出现投标人之间或投标者与招标者之间为了中标而相互串通。这种串通的行为违背了招标投标法所确立的公开、公平、公正竞争的原则，是法律的禁止性规定。这种行为主要体现在相互串通和行贿两个方面。

串通投标的行为必然是私下进行的，认定串通投标需要有直接的证据，这也成为实践中防范和认定的难题。从投标人的角度出发，串通投标将会带来民事、行政和刑事三类风险。民事风险主要是中标无效和赔偿损失，带来的后果是不但未获得施工总承包项目，还要承担赔偿遭受损害的招标人、其他投标人的责任。行政风险有罚款、没收违法所得、吊销营业执照。除此之外，行为人还面临严重的刑事责任，情节严重的将会构成《刑法》中的串通投标罪和行贿罪。

2. 未响应招标文件的法律风险

招标文件属于招标人的要约邀请，投标人的投标文件应当符合招标人招标文件实质性条件的要求。作为要约的投标文件应当具备两个基本要求，一是内容翔实、具体，二是如果招标人承诺（发放中标通知书），投标人就要受到标书意思表示的约束。鉴于此，如果投标文件符合招标文件提出的要求，则投标文件就达到了招标文件要求的具体标准。反之，如不能响应招标文件，并达到具体标准，就不能构成法律上的要约。招标人会直接将这种投标文件作为废标，投标人准备投标文件，进行项目竞争的机会就会丧失。

3. 联合体投标的法律风险

联合体投标的主要风险体现在三个方面：一是联合体各方的资格条件，在联合体投标的过程中，资质的等级将按照最低的原则确定，也就是说，联合体资质最低的一方也要符合招标文件的限制性要求，否则就面临着投标文件无效的法律风险。二是联合体协议的风险，投标人应当科学设定联合体协议的内容，并按照招标文件规定报送共同投标协议，如出现联合体各方约定不明的情形，即使中标也会为将来的履约带来风险。三是联合体各方应当共同与招标人签订合同，联合体不具有独立的法律资格，联合体各方将会为对方承担连带责任。

4. 出让资质证书的法律风险

在现行建筑市场的监管体系下，建筑行业的资质证书是一个企业施工能力的重要体现。如果出让资格、资质证书供他人投标则严重违背了法律的禁止性规定，给建筑施工企业带来风险，其主要集中在行政风险和刑事风险上面。在行政风险上，由于涉及建筑类资质证书管理的法律和行政法规较多，相关情形的法律责任在相关法律行政法规中都有规定。

5. 退出竞标的法律风险

在实践过程中，经济环境和市场环境都是在不断发生变化的。如果投标人在投送投标文件以后，又想主动退出投标，如果这种撤销发生在招标人所确定的最终投标截止日期之后，就会给发包人带来损失，这种损失一般体现在投标保证金上。投标保证金作为投标人进行投标的一种担保，如果投标人退出竞争，招标人扣除投标保证金相当于让投标人承担了缔约过失责任。

6. 不签订合同可能带来的法律风险

对于投标人来讲，投标行为和招标人发出中标书的行为是投标阶段对投标人有较大影响的两个行为。两个行为里面涉及的投标文件和中标通知书不仅是招标人和投标人签订合同的主要依据，而且也在合同文件的解释顺序之中。因此，对这两个行为的法律性质进行分析是与法律风险密切联系在一起的。从法律性质上而言，投标行为属于要约，而中标则属于承诺，一个完整的招投标程序构成了合同法上的要约承诺行为，具备法律效力。

招标人确定中标人以后，中标人又以外部环境变化等不正当理由提出不订立合同，或者在签订合同时又提出附加条件，或者不按照招标文件提供履约保证金的，都属于投标人不签订合同的风险。这种行为带来的民事风险不但要取消其中标资格，而且投标保证金不予退还。无论不签订合同的行为是否给招标人造成经济损失，均可以不予退还投标保证金。除此之外，中标人也面临着严苛的行政风险，行政机关可以责令中标人改正，还可以处以罚款。

(二) 合同形成阶段法律风险识别

1. 增强法律规范意识

近年来，随着国家经济的发展，基础设施建设力度不断加大，越来越多的建设项目完成立项审批。为了抑制违法和腐败行为在工程领域的发生，以确保工程质量，国家实施了一系列建设项目招投标活动，并颁布实行《招标投标法》来规范投标行为，遏制违法中标现象。

因此，作为投标人，应注意相关证据的收集和储存，一旦发现招标人或其他投标人有违法行为或侵害自己权利的现象，应当及时反映并用法律维权。

2. 重视投标前的尽职调查工作

承建商在尽职调查的过程中，一定要客观地对项目进行全面深入的调查，对投资人资质、项目的真实性等严格审查。首先，投标报价是能否中标的核心，要认真研究招标文件，在充分关注工程设计的前提下，注重现场踏勘取得的基本信息，结合《工程量清单》，确定有竞争优势的投标报价。其次，了解投标人的工程业绩、资质状况。最后，除上述情况外，也要对投标人自身的工程施工组织能力，工程技术的成熟水平，现金流状况有客观的认识。

此外，还包含招标文件编制、合同订立管理等部分，篇幅所限，这里不再一一介绍。

第三节　合同履行阶段的合同管理

一、工程合同履行原则

(一) 工程合同履行的含义

工程合同履行是指工程建设项目的投资人和承包人根据合同规定的时间、地点、方式、内容及标准等要求，各自完成合同义务的行为。根据当事人履行合同义务的程度，合同履行可分为全部履行、部分履行和不履行。

对于投资人来说，履行工程合同最主要的义务是按约定支付合同价款，而承包人最主要的义务是按约定交付工作成果。但是，当事人双方的义务都不是单一最后交付行为，而是一系列义务的总和。例如，对工程设计合同来说，投资人不仅要按约定支付设计报酬，还要及时提供设计所需要的地质勘探等工程资料，并根据约定给设计人员提供必要的工作条件等；而承包人除了按约定提供设计资料外，还要参加图纸会审、地基验槽等工作。对施工合同来说，投资人不仅要按时支付工程备料款、进度款，还要按约定按时提供现场施工条件，及时参加隐蔽工程验收等；而承包人义务的多样性表现为工程质量必须达到合同约定标准，施工进度不能超过合同工期等。

(二) 工程合同履行的原则

1.实际履行原则

当事人订立合同的目的是满足一定的经济利益，满足特定的生产经营活动的需要。当事人一定要按合同约定履行义务，不能用违约金或赔偿金来代替合同的标的。

2. 全面履行原则

当事人应当严格按合同约定的数量、质量、标准、价格、方式、地点、期限等完成合同义务。全面履行原则对合同的履行具有重要意义，它是判断合同各方是否违约以及违约应当承担何种违约责任的根据和尺度。

3. 协作履行原则

即合同当事人各方在履行合同过程中，应当互谅、互助，尽可能为对方履行合同义务提供相应的便利条件。

贯彻协作履行原则对工程合同的履行具有重要意义，因为工程承包合同的履行过程是一个经历时间长、涉及面广、质量和技术要求高的复杂过程，一方履行合同义务的行为往往就是另一方履行合同义务的必要条件，只有贯彻协作履行原则，才能达到双方预期的合同目的。因此，承发包双方必须严格按照合同约定履行自己的每一项义务；本着共同的目的，相互之间应进行必要的监督检查，及时发现问题，平等协商解决，保证工程顺利实施；当一方违约给工程实施带来不良影响时，另一方应及时指出，违约方则应及时采取补救措施；发生争议时，双方应顾全大局，尽可能不采取极端化行为等。

4. 诚实信用原则

诚实信用原则是《合同法》的基本原则，它是指当事人在签订和执行合同时，应讲究诚实，恪守信用，实事求是，以善意的方式行使权利并履行义务，不得回避法律和合同，以使双方所期待的正当利益得以实现。

对施工合同来说，投资人在合同实施阶段应当按合同规定向承包人提供施工场地，及时支付工程款，聘请工程师进行公正的现场协调和监理；承包人应当认真计划，组织好施工，努力按质、按量在规定时间内完成施工任务，并履行合同所规定的其他义务。在遇到合同文件没有作出具体规定或规定矛盾或含糊时，双方应当善意地对待合同，在合同规定的总体目标下公正行事。

5. 情事变更原则

情事变更原则是指在合同订立后，如果发生了订立合同时当事人不能预见并不能克服的情况，改变了订立合同时的基础，使合同的履行失去意义或者履行合同将使当事人之间的利益发生重大失衡，应当允许受不利情况影响的当事人变更合同或者解除合同。情事变更原则实质上是按诚实信用原则履行合同的延伸，其目的在于消除合同因情事变更所产生的不公平后果。

在施工合同中，建筑材料涨价常常是承包人要求增加合同价款的理由之一。如果合同对材料没有包死，则补偿差价是合理的。如果合同已就工程总价或材料价格一次包死，若发生建筑材料涨价，是否补偿差价，应当判断建筑材料涨价是属于市场风险还是情事变更。可以认为，通货膨胀导致物价大幅上涨及因国家产业政策的调整或国家定价物资调价造成的物价大幅度上涨，属于情事变更，涨价部分应当由投资人合理负责一部分或全部承担，处于不利地位的承包人可以主张增加合同价款。如果属于正常的市场风险，则由承包人自行负担。

二、勘察设计合同管理

(一) 依据

签订建设项目勘察设计合同管理主要遵循建设项目勘察设计相关的法律法规的约束和规范，主要如下。

(1)《中华人民共和国合同法》；

(2)《中华人民共和国建筑法》；

(3)《建设工程勘察设计管理条例》；

(4)《建设工程勘察设计资质管理规定》；

(5)《中华人民共和国招标投标法》；

(6)《中华人民共和国招标投标法实施条例》；

(7)本地区的地方性法规和建设工程勘察设计管理办法。

(二) 内容

(1) 编制勘察设计招标文件；

(2) 组织并参与评选方案或评标；

(3) 起草勘察设计合同条款及协议书；

(4) 跟踪和监督勘察设计合同的履行情况；

(5) 审查、批准勘察设计阶段的方案和结果；

(6) 勘察设计合同变更管理。

三、施工过程合同管理

(一) 合同管理

1. 合同实施控制

工程项目的实施过程实质上是与项目相关的各个合同的履行过程。要确保项目正常、按计划、高效率的实施，必须正确地执行各个合同。为此，在项目施工现场需全过程工程咨询单位负责各个合同的协调与控制。

(1) 依据

在建设项目施工阶段，全过程工程咨询单位对合同控制的依据如下。

① 合同协议书；

② 中标通知书；

③ 投标书及附件；

④ 施工合同专用条款；

⑤ 施工合同通用条款；

⑥ 标准、规范及现有有关技术文件；

⑦ 图纸；

⑧ 工程量清单；

⑨ 招标文件及相关文件；

⑩ 施工项目合同管理制度；

⑪ 其他相关文件。

(2) 内容

全过程工程咨询单位或其发包的造价部门应协助投资人采用适当的管理方式，建立健全合同管理体系以实施全面合同管理，确保建设项目有序进行。全面合同管理应做到：

① 建立标准合同管理程序；

② 明确合同相关各方的工作职责、权限和工作流程；

③ 明确合同工期、造价、质量、安全等事项的管理流程与时限等。

合同实施控制主要包括合同交底、合同跟踪、合同实施诊断、合同调整以及补充协议的管理。

① 合同交底。在合同实施前，全过程工程咨询单位应进行合同交底。合同交底应包括合同的主要内容、合同实施的主要风险、合同签订过程中的特殊问题、合同实施计划和合同实施责任分配等内容。

② 合同跟踪。在工程项目实施过程中，由于实际情况千变万化，导致合同实施与预定目标（计划和设计）的偏离。如果不采取措施，这种偏差常常由小到大，逐渐积累，最终会导致合同无法按约定完成。这就需要对工程项目合同实施的情况进行跟踪，以便提早发现偏差，采取措施纠偏。

③ 合同实施诊断。合同实施诊断是在合同实施跟踪的基础上进行的，是指对合同实施偏差情况的分析。合同实施偏差的分析，主要是评价合同实施情况及其偏差，预测偏差的影响及发展的趋势，并分析偏差产生的原因，以便对该偏差采取调整措施。

④ 采取调整措施。经过合同诊断之后，应当按照合同约定调整合同价款的因素主要有以下几类。

A. 法律法规变化；

B. 工程变更；

C. 项目特征不符；

D. 工程量清单缺项；

E. 工程量偏差；

F. 计日工；

G. 物价变化；

H. 暂估价；

I. 不可抗力；

J. 提前竣工（赶工补偿）；

K. 误期赔偿；

L. 索赔；

M. 现场签证；

N. 暂列金额；

O. 发承包双方约定的其他调整事项。

⑤ 补充协议的管理

项目建设期间拟与各单位签订的各种补充合同、协议的，应在合同、协议签订前，按照备案、审核程序，将拟签订合同、协议交监理公司，对其合法性和合理性以及与施工合同有关条款的一致性进行审核。

在收集整理监理单位意见的基础上，出具审核意见上报委托方，委托方应及时进行审核，并将审核意见反馈至全过程工程咨询单位。全过程工程咨询单位在一定时间内将修改结果以书面形式报告给委托方。各种补充合同、协议经上述程序修改完后方可签署，签署完成的合同、协议应及时归档，并做好合同文件签发记录。

2. 对施工单位与材料供应商的合同管理

（1）依据

全过程工程咨询单位对各参与主体合同管理的依据除了国家和地方相关的法律法规、政策性文件，主要是双方在招投标以及合同履行过程中签署的文件，包括中标通知书、双方签订的合同协议书、专用条款、通用条款、补充协议、合同管理制度、总包管理制度等。

（2）内容

① 采购合同管理

A. 协助配合投资人检验采购的材料、设备

全过程工程咨询单位应对材料、设备供应商提供的货物进行检验，保证提供符合合同规定的货物，以及商业发票或相等的电讯单证。

B. 保证供应进度满足施工进度要求

全过程工程咨询单位应对材料、设备供应商的供应时间进行监督，防止因材料、设备不到位导致的施工进度拖延、窝工等情况。

C. 甲供材料、设备采购合同管理

全过程工程咨询单位中应注意对甲供材料、设备供应合同的管理，在梳理合同结构时，首先需要明确甲供材料、设备范围，并根据总进度要求，及时完成甲供材料、设备的招标、供应工作，不能因甲供材料、设备供应的滞后影响施工进度。

② 施工合同管理

项目施工合同管理包括全过程工程咨询单位协助投资人对总承包人的

管理以及总承包人对分包商的管理两层意义。全过程工程咨询单位对施工合同的管理主要指协助配合投资人对总承包人的管理；对分包商的管理一般是通过总承包人实施管理，总分包管理职责划分应在合同体系策划时就提前界定。分包商不仅指总承包人按合同约定自行选择的分包商，也指投资人（或委托方）通过招投标等方式选择的分包商。

③ 全过程工程咨询单位对一般分包合同的管理

项目中主要存在两类承包人，一类是总承包人，一类是分包商，全过程工程咨询单位通过监理单位主要对总承包人的质量、进度、投资等进行管理，任何分包商的管理均应纳入总包管理中，包括进度的统一、质量的检查、投资的管理、安全文明施工管理、现场协调等方面。对此，应要求总包商完成相应的分包管理制度。

一般分包商是指与总承包人签订合同的施工单位。全过程工程咨询单位不是该分包合同的当事人，对分包合同权利义务如何约定也不参与意见，与分包商没有任何合同关系。但作为工程项目的管理方和施工合同的当事人，对分包合同的管理主要表现为对分包工程的批准。

（二）合同解除处理

1. 依据

（1）现行法律、法规；

（2）达到合同解除的事实及证据；

（3）解除合同的法定条件、法定要件、法定情形。

2. 内容

由于投资人原因导致施工合同解除时，全过程工程咨询单位或其发包的监理单位应按施工合同约定与投资人和施工单位按下列款项协商确定施工单位应得款项，并应签发工程款支付证书。

（1）施工单位按施工合同约定已完成的工作应得款项。

（2）施工单位按批准的采购计划订购工程材料、构配件、设备的款项。

（3）施工单位撤离施工设备至原基地或其他目的地的合理费用。

（4）施工单位人员的合理遣返费用。

（5）施工单位合理的利润补偿。

（6）施工合同约定的投资人应支付的违约金。

因施工单位原因导致施工合同解除时，项目监理单位应按施工合同约定，从下列款项中确定施工单位应得款项或偿还投资人的款项，并应与投资人和施工协商后，书面提交施工单位应得款项或偿还投资人款项的证明。

（1）施工单位已按施工合同约定实际完成的工作应得款项和已给付的款项。

（2）施工单位已提供的材料、构配件、设备和临时工程等的价值。

（3）对已完工程进行检查和验收、移交工程资料、修复已完工程质量缺陷等所需的费用。

（4）施工合同约定的施工单位应支付的违约金。

因非投资人、施工单位原因导致施工合同解除时，项目监理单位应按施工合同约定处理合同解除后的有关事宜。

四、工程合同备案管理

(一) 依据

建设项目合同备案管理的依据主要是国家的法律法规及地方的合同备案管理办法，主要如下。

（1）《中华人民共和国合同法》；

（2）《中华人民共和国建筑法》；

（3）《中华人民共和国招标投标法》；

（4）《中华人民共和国招标投标法实施条例》；

（5）《房屋建筑和市政基础设施工程施工招标投标管理办法》；

（6）最高人民法院关于审理建设工程施工合同纠纷案件适用法律问题的解释；

（7）本地区的地方性法规和建设工程合同备案管理办法；

（8）招标人对项目的具体要求、签订的合同体系、合同管理制度等。

(二) 内容

1. 建设工程合同备案机构

国家还没有统一的合同备案管理制度，因此，本节内容主要以某省的地方性法规和建设工程合同备案管理办法为例。合同备案管理是行政主管部门按照职责权限，对当事人所订立合同是否符合相关法律、法规和工程建设强制性标准、规范性文件规定进行的监督检查。建设工程合同包括：建设工程勘察、设计类合同；建设工程施工类合同［建设工程施工总承包合同、建设工程施工专业承 (分) 包合同、建设工程施工劳务分包合同］；建设工程服务类合同 (建设工程项目管理合同、建设工程招标代理合同、建设工程委托监理合同、建设工程造价咨询合同)；其他有关建设工程合同。建设工程合同履行中发生合同争议，应以备案的合同为准。

2. 合同文本要求

合同当事人应当使用住房和城乡建设部、国家工商行政管理总局或省住房城乡建设厅、省工商行政管理局联合制定的合同示范文本订立合同。合同当事人如需要，在不违反法律、法规的前提下可以参照合同示范文本订立合同。

3. 合同内容的一般要求

合同备案管理是相关部门对当事人所订立合同是否符合相关法律、法规和工程建设强制性标准、规范性文件规定进行监督检查的行为，对合同内容的一般要求如下。

(1) 工程概况内容填写与工程报建内容统一，合同当事人应填写单位全称。

(2) 招标发包的工程名称按招标文件填写，可增加标段号。

(3) 工程地点应填写详细地址。

(4) 招标发包的工程承包范围应与招标文件中确定的发包范围一致。

(5) 招标发包的工程，项目负责人、合同工期应与投标函一致。

(6) 质量标准应符合国家标准、规范的要求，招标发包的工程应与投标文件、中标通知书中质量标准一致。

(7) 合同价款大写与小写一致，招标发包的工程，合同价款与中标价一致。

（8）在合同中明确约定当事人的权利、义务和责任。

（9）在合同中明确约定当事人各方违约应承担的责任及出现争议的解决方式。

（10）合同签署日期、当事人的住所、联系方式、邮政编码等应详细填写齐全。合同签订时间应在工程开工之前。

（11）应符合相关法律、法规和强制性标准、规范性文件的规定。

五、工程合同档案管理

（一）依据

（1）《中华人民共和国档案法》；

（2）《基本建设项目档案资料管理暂行规定》；

（3）《科学技术档案案卷构成的一般要求》；

（4）《建设工程文件归档整理规范》；

（5）《技术制图复制图的折叠方法》；

（6）《照片档案管理规范》；

（7）《声像档案建档规范》；

（8）本地区的档案归档管理的相关规定或办法；

（9）本项目的各类合同；

（10）本项目的合同管理办法及其他适用合同档案管理的规章制度。

（二）内容

1. 合同文档资料编码

合同文档资料编码工作包括建立文档资料编码体系和建立文档资料索引。

（1）建立文档资料编码体系

每一份合同都必须有一个编号，不得重复或遗漏。每一份合同包括合同正本、副本及附件。项目工程师负责每项合同的接收、发放。合同文本的签收记录。合同分批履行的情况记录，变更、解除合同的协议（包括文书、电传等），均应妥善保管。

（2）建立文档资料索引

合同文档资料的索引可采用表格形式，如建立合同管理台账。其主要内容应反映资料的各种特征信息，包括：序号、合同号、经手人、签约日期、合同名称、合同金额、对方单位、备注等。台账填写应做到准确、及时、完整。

2. 合同文档资料收集和整理

合同文档资料收集和整理包括收集和整理的工作内容和原则。

（1）收集和整理的工作内容

根据合同档案资料的生成阶段，合同档案收集和整理可分为三类。

① 合同正式签订前产生的相关资料；

② 合同正式签订后履行过程中产生的相关资料；

③ 合同纠纷发生后产生的相关资料。

合同档案管理收集和整理的资料包括但不限于合同管理相关的法律法规、规章制度、合同示范文本、合同当事人的资信资料、来往函件、数据电文、招投标文件、合同、补充合同、会议纪要、来往函件的签发单据、合同评审表、合同会审情况记录、合同专用章审批表、合同管理台账、合同用印登记表、合同签订履行情况表、合同检查意见书、检查整改情况报告书、财务结算凭证、起诉状、答辩状等。

（2）收集和整理的工作原则

① 合同档案资料的完整性。合同档案要齐全成套，并且应按系统科学排列档案，使合同档案从个体到整体的构成更加合理，维护合同档案管理的不可分散性。

② 合同档案资料的准确性。合同档案必须是真实的历史记录，并且在内容上始终与所反映的实际内容相一致，保证如实地记录和反映双方的真实意思。

③ 合同档案资料的系统性。保持合同档案之间的有机联系，不得任意肢解与组合，实现合同档案排列的有序化。

④ 合同档案的安全性。保证合同档案实体的安全性，尽可能延长其自然寿命；同时还要求保护合同档案信息的安全，保护知识产权。

⑤ 合同档案的规范性。归档的文件应为原件，合同文件的内容必须真实、准确，与工程实际相符合。合同文件应采用耐久性强的书写材料，字迹清楚，图样清晰，图标整洁，签字盖章手续完备。

3. 合同文档资料存档和移交

工程项目通过竣工验收以后，合同文档资料应当随项目其他资料一并移交相关部门及委托方，注意移交过程中签字手续的完善。

第四节　合同收尾阶段的合同管理

工程项目合同收尾阶段是指从工程项目投资人接收了工程并向承包人颁发了临时验收证书（PAC）开始到合同有效期结束。其标志性事件是，投资人向承包人颁发了工程最终验收证书（FAC），在合同上也就是工程质量保证期的结束。此阶段，合同双方主要是就一些扫尾工作、遗留问题、质量保修、最终结算（包括保留金返还和履约保函的释放）以及合同义务终止等进行协商处理。

一、合同收尾管理

(一) 专人负责，强调计划

因为合同收尾工作的复杂和千头万绪，必须指定专人牵头，直接对项目经理层负责，辅以各个部门中在该项目上工作时间较长、情况熟悉者，组成一个精干的工程验收、移交、资料归档、工程结算等的工作小组，具体实施以移交、验收、结算为主的合同收尾工作。

合同收尾工作要特别强调计划。这个计划应该由合同收尾工作小组负责人根据工程实际情况，结合合同条款来拟定，并经由项目经理主持各部门（尤其是项目部的合同、技术和施工部门）的会审，确定后严格执行。为保证计划的执行，最好建立一个例会制度，各方定期审查进度，及时解决存在的问题。

（二）内部协同配合，外部积极沟通，铸就"双赢"局面

合同收尾阶段，更要注重项目部施工、技术、合同等管理部门以及与各分包商之间的内部协调与配合，包括必要的设计单位、公司各职能部门的参与，积极、坚决、严格地按验收、移交等合同规定和收尾工作计划行事。

对投资人、监理等外部方面，要加强联络、沟通与合作。做项目，工程质量是赢得用户认可首要和关键的因素，但必要的、融洽的合作关系将使工程的实施得以锦上添花，尤其是在工程竣工、合同收尾阶段，承包人与投资人或者监理平时合作关系的好坏，将直接影响合同收尾的顺利与否。我们知道，一个质量再好、再完美的工程，也不可能都是无懈可击的，缺陷总能找到。这个时候，投资人或者监理如何对待这些问题，很大的因素就是要视承包人平时与投资人或监理的合作关系如何。如果平时的相处关系不融洽，很可能就成为他们刁难承包人的把柄和借口，使承包人有苦也说不出。所以，在不涉及原则的情况下，平时要与投资人或监理处理好合作关系，到了工程和合同收尾阶段，更要注意与他们进行积极沟通、合作，以诚待人、以情动人，在保证项目收益的情况下，用良好的工程质量、企业信誉与合作关系，促进"双赢共进"的局面，避免投资人或监理借工程收官、合同收尾阶段非难承包人、造成不必要的损失。

（三）重视合同收尾，功在平时

国际工程项目合同收尾阶段工作的好坏影响着承包人的企业信誉、项目收益、后续市场等，其重要性已经不言而喻。工程项目承包人在该阶段为了保护自己的利益不受损失，既要策略地将项目执行过程中合同双方遗留的问题、存在的分歧等一并妥善地解决掉，同时还要战略性地与投资人保持良好的关系，为后续项目承揽、市场拓展打下良好基础。

但做过国际工程项目管理的人都知道，国际工程项目的开始和收尾最难干。尤其在收尾阶段，项目实施过程中积累下来的纷繁复杂、棘手难缠的问题都集中到最后，虽然每天忙忙碌碌，却没有什么工程形象进度和明显的成绩。加上临近收尾，项目部内部以及合同各方人心浮动，投资人与项目的总包商、总包商与分包商之间的关系也因为牵涉到最后的结算、缺陷克服等

问题，扯皮的事多，矛盾可能越来越突出，远没有工程实施伊始时的那种密切配合关系。可见，虽说是合同收尾，实际上是要将整个合同实施过程中积累下来的各种矛盾和问题集中到收尾阶段来解决，再加上上述的各种因素，将使一个工程、合同的收尾工作愈加复杂化和困难化。所以，有经验的国际工程承包人，就要有预见性地抓好平时的工作，而不是把问题都拖到收尾阶段解决，尽量把合同实施过程中存在的问题及时消化和处理掉，不要搁置，否则会在以后尤其是收尾阶段付出成倍的代价。所谓"功在平时"，就是指工程项目实施的整个过程中都要加强各方面的管理，如工程质量管理、合同管理、文档资料管理，包括与投资人、监理的关系处理等。把实施过程中的问题及时解决，而不是留给工程或合同的收尾阶段。

二、合同的后评估

(一) 依据

(1) 国家、行业和地方政府的有关规定；

(2) 招标文件、工程合同、经认可的施工组织设计、工程图纸、技术规范等；

(3) 施工过程中的变化，如出现的变更、签证等；

(4) 施工过程中各项来往的信件、指令、信函、通知、答复、会议纪要等；

(5) 施工进度计划和实际施工进度表；

(6) 建筑材料和设备采购、订货运输使用记录等；

(7) 由全过程工程咨询单位或监理单位签署的补充协议等文件；

(8) 各方在合同执行过程中的各种往来文件等。

(二) 内容

1. 后评价内容的分析

按照合同全周期控制要求，在合同执行完成后，全过程工程咨询单位应进行合同后评估。将合同各参与主体在执行过程中的利弊得失、经验教训总结出来，为全过程工程咨询单位同类型合同管理提供借鉴，为项目部及公司决策层提供参考。合同后评估包括但不限于以下内容：① 合同是否执行完成，若没有完成的原因分析；② 合同执行是否符合实际，是否达到预想的结果；③ 在执行中存在什么问题，出现了哪些特殊情况，采取什么措施防止、避免或减少损失；④ 各个相关合同在执行中协调的问题等；⑤ 各个合同执行的最终评价。

2.施工合同管理后评价基础评价指标体系的构建

各部分评价的主要内容明确之后，我们需要针对每部分内容的特点，根据指标体系构建的原则，甄选出能够全面反映施工合同管理情况的指标。这也是施工合同管理后评价模型构建最重要的一步。

(1) 施工合同管理后评价指标体系的构建原则

指标是反映一定社会总体现象数量特征的特定概念和具体数值。把若干有联系的指标结合起来形成指标体系，可从多方面认识和说明一个比较复杂现象的特征及内在发展规律。

在施工合同管理的后评价过程中，对于其指标的选取要考虑到选取各个指标的意义、量化方法等，还得根据施工合同管理的目标及其特点来进行选取。

(2) 施工合同管理后评价指标的构建方法

施工合同管理后评价指标体系的构造基本类似与一般统计指标体系的构造。施工合同管理后评价指标体系的构造通常是在描述性指标体系构造的基础之上进行的，大致可分为三个环节，包括评价指标体系的初选、筛选和确定，我们称之为"三步法"。在评价指标的选择过程中，又可采用以下三种方法。

频度统计法：主要是对目前有关施工合同管理后评价研究的书籍、论文进行相关指标的频度统计，选择其中那些使用频度较高的指标。

理论分析法：主要是对符合要求的基本要素及主要问题进行综合分析与比较，选择那些重要度较高的和针对性强的指标，另外还需进行一些指标创新。

专家咨询法：在提出初步评价指标的基础上，进一步征询有关方面专家的意见的基础上，对初步指标体系进行调整或优化。

以上三种指标选取方法在指标体系构建的各个环节中可根据不同情况而灵活选用。

（3）施工合同管理后评价各指标内容的界定

① 施工合同签订情况的评价指标

投资人信息的收集：主要是在投标之前的基础工作，通过对投资人相关信息的收集和分析，帮助决策者判断工程信息是否准确，投标与否。收集投资人的相关信息，如投资人是否具有主体资格、是否具有不良资信记录、经济状况是否良好、资金实力是否雄厚及工程相关手续是否完备等。

投标文件的分析：投标文件是一切投标活动的准则，是投标期间最重要的指导性文件，而且对于未来合同的制定以及工程索赔等都具有十分重要的作用。投标文件的分析就是要对投标的规则进行深入研究，有针对性地进行投标工作。主要内容包括：投标文件条款是否研究到位、投标规则是否了解清楚、关键事项是否知晓等。

投标报价及技巧：施工企业的投标报价及投标技巧运用的准确与否决定了企业能否最终中标，以及中标后能获得企业的预期经济效益。主要内容包括：投标规则的掌握、投标技巧的运用、组价的合理性等。

合同预期目标的设置：合同谈判前必须首先设定己方合同管理的主要目标，只有明确了己方合同管理目标才能为合同谈判以及合同条款的设置指明方向，使之目的性更强。主要内容包括：合同经济目标、工程质量、进度、安全、成本以及合同管理工作目标等。

合同风险的预估：施工合同影响因素较多，前期如果对于合同风险估计不足后期极易产生重大的损失。因此，在施工合同签订时，应尽量对于合同未来的风险给予充分的估计。在此基础之上再确定合同相关内容，才能有效维护企业自身的利益。

合同谈判：施工企业中标后就要进行针对与本次工程项目施工合同的谈判工作。是否能够发现和修正合同中不合理、不正当、高风险的条款，在合同条款中争取在工期、材料、变更、付款以及违约责任等方面的有利条件，为日后施工合同在履行过程中创造有利条件。

合同内容的策划：合同内容策划是管理者将该项施工合同要达到的预期目标以及不确定事件等，通过文本等方式明确到施工合同的文本上，减少企业风险。

合同审查：按照法律、法规以及合同双方的约定对施工合同的内容、格式等进行审查。

②施工合同履行情况的指标

合同交底：合同管理人员应根据各部门的不同要求，分别对其进行合同交底，将合同涉及的注意事项、各岗位的合同责任交代清楚，使各部门熟悉合同主要内容、各种规定和管理程序，了解施工企业的合同责任和工程范围。

合同条款分析：对于目前大多数企业来说，施工合同的洽谈者和实施者并不是同一个人。因此，洽谈者在合同洽谈完成之后，实施者还需要进行深入的学习，熟悉合同条款的内容，了解条款设置的背景，掌握合同的预期目标。

合同实施方案的设计：合同的实施者在对合同条款进行深入的分析和研究之后，针对施工合同的预期目标，设计相应的实施方案和保障措施，使得合同在实施过程中更加具有方向性，并最终实现合同预期目标。

成本、质量、安全、进度的控制：该项工作是施工合同履行过程中的核心内容，也是工程目标最终实现的保证。所以，对其的控制也是施工合同管理工作中的重中之重，需要加以足够的重视。主要内容即成本控制管理、质量控制管理、安全控制管理、进度控制管理四大部分。

风险的把控：由于施工合同履行期较长，履行期内的风险无法在合同拟定或洽谈的时候完全预测到，在合同的履行过程中树立良好的风险意识，运用良好的风险控制方法，合理地规避风险，避免损失。主要内容包括：是否具有风险意识、风险控制方法是否灵活、有无因风险产生的损失等。

信息管理：施工合同管理工作复杂，参与人员数量大，包含大量信息，有效地收集、整理、处理、存储、传递、分析和应用施工合同履行过程中的相关信息，及时对施工合同执行过程中出现的新问题、新情况做出决策，直接影响施工合同管理的成本以及未来工程进度、质量等多方面的问题。

合同的变更：施工合同出现变更在工程建设过程中是不可避免的，施工合同变更在很大程度上涉及有关的费用、工期等的调整，也意味着可能要出现索赔，施工企业对于变更管理是否有效、变更资料获取是否及时与完善等，对于施工合同的全面正确履行与施工企业的经济效益都有很大的影响。

合同的索赔：索赔管理是施工合同管理中最重要的组成部分之一，施工企业给予索赔管理的重视程度是否充足，合同文件分析是否到位，从相关变更中能否及时发现索赔机会，在索赔期内有效地维护企业利益。索赔收益部分对于施工企业能否最终盈利有着重大的影响，成功的索赔管理甚至能够为企业带来丰厚的经济收益。

合同跟踪：施工合同签订以后，合同中各项任务的执行要落实到具体的项目经理部或具体的项目参与人员身上。承包单位作为履行合同义务的主体，必须对合同执行者（项目经理部或项目参与人）对于施工合同的履行情况进行跟踪、监督和控制，确保合同义务的完全履行。

通过合同跟踪，可能会发现合同实施中存在偏差，即工程实施实际情况偏离了工程计划和工程目标，应该及时分析原因，采取措施，纠正偏差，避免损失。

合同监督：施工合同的监督管理工作就是防范问题、发现问题、堵塞漏洞，而防范是重点。将监督的"关口前移"，使问题被提前发现并化解。这样，既杜绝或减少了企业可能出现的利益损害，保护了可能犯罪或犯错的企业员工，也免除了发生问题后严格追究、严肃处理所产生的不良影响和处置成本，确保合同预期目标的实现，对企业和个人都有利。

预期目标的实现：合同在履行完毕的时候，通过相应的检验确定合同预期目标是否实现。通过相应的决算等可以确定合同在经济方面的目标是否实现。通过工程验收就能检验工程目标是否实现等。

③ 施工合同组织管理情况的指标

组织建设：合同目标的圆满实现，与强有力的组织保证是分不开的。设置合理、管理职责明确的组织体系是合同目标实现的基础。主要内容包括：组织设置是否合理，管理职责是否清晰等。

团队建设：施工合同的管理工作主要依靠经验的支撑，建立一支专业基础知识过硬、经验丰富的管理团队才能保证合同预期目标的实现。主要内容包括：是否具有专门的施工合同管理人员，管理人员是否具有专业上岗证书，管理人员的业务素养如何，是否重视施工合同管理人才的发掘与培养。

合同管理制度的建设：合同管理制度的规范与健全是合同目标实现的保障。完善的合同管理制度更是有效提高合同管理水平的重要措施。主要内容包括：施工合同管理的机构是否健全，相关合同管理制度是否完善，制度设置是否科学，奖罚是否分明，是否设立专门的合同管理部门等。

第六章　全过程工程咨询项目组织及管理优化

第一节　全过程工程咨询项目及其治理模式

一、全过程工程咨询介入下的业主方项目管理

(一)全过程工程咨询介入业主方项目管理的影响因素

建设项目管理模式各有利弊,已有文献表明,选择合适的建设管理模式对于项目绩效的提升具有促进作用。经过文献整理发现,不同学者对于建设管理模式影响因素的研究划分主要分为管理主体、管理客体和管理环境,即所谓项目层面的外部因素、组织层面的内部因素和环境三大部分。因此,建设管理模式选择主要影响因素,即业主委托工程咨询的影响因素也可以分为三大类,分别是内部因素、外部因素和环境因素。

1. 项目内部因素

项目内部条件因素主要是指项目参与方的特征,包括参与方承诺、业主经验、业主技术能力、项目管理能力、咨询能力和承包商能力等。经过对以往的文献和案例的研究,这里将上述内部条件归纳为业主能力、业主风险偏好、全咨单位能力和承包商能力。

业主能力是指业主通过项目管理手段达成项目目标的能力,主要包括业主获取资源能力、组织协调各参建方能力、信息管理能力、整合和管理资源能力等。按照业主自身项目管理能力(项目管理成熟度)来划分,业主又可以分为大业主和小业主。所谓"大业主",通常有持续开发建设任务、具有强大的项目管理团队和多年建设开发经验;而"小业主"有持续间断的建设开发任务、临时组建的项目管理团队技术力量一般或工程专业技术人员不足,甚至仅是一次性的建设开发任务,几乎没有专业的项目管理团队。"大业主"群体具备较高的管理水平和技术储备,对全过程工程咨询的服务质量

和专业要求会更高，对咨询团队的专业水平也提出了更高的要求。"小业主"通常面临以下常见问题或困境：在特定时间段内建设开发任务量巨大；在项目管理策划方面未有清晰头绪；缺乏成熟可行的项目管理制度和流程；缺乏工程专业团队、顶层设计和统筹管理的技术性人才。当业主自身具有较强的专业能力和较丰富的项目管理经验时，业主一般会倾向于自主管理的方式，或者是将部分项目管理的辅助工作委托给相应的咨询企业，但业主仍然会在项目管理团队中起到主导作用。

全咨单位能力则主要包括两个方面：一是协助业主进行项目管理的能力；二是全咨单位自身能力，即为业主和承包商提供咨询服务的能力。全过程工程咨询模式对咨询企业来说也是一项严峻的考验。目前的咨询企业因为市场割据、缺乏竞争压力和创新能力等一系列问题，造成了咨询企业水平参差不齐，各地的咨询企业的规模和能力都存在很大的差异。同时，咨询企业的业务普遍比较单一、没有整体的规划和明确的战略目标，导致其不能适应多变的市场环境完成定制化的咨询项目。另外，咨询人员的整体素质是咨询企业开展咨询业务的基础。咨询人员能力单一、创新能力不足也是咨询企业开展全过程工程咨询的一大制约因素。咨询企业的能力是业主委托全咨模式的基础，也是咨询企业与业主开展深度合作的基础和保障。

承包商完成建设项目目标及在项目实施过程中配合业主方项目管理的能力也是需要重点考察的因素。承包商能力主要由资金运作能力、社会资源整合能力、组织协调能力、技术能力和项目管理能力组成，会对承包商的管理能力和履约能力产生重大的影响。目前，建设企业面临体制、机制不畅，产业组织结构不合理以及设备技术和人员水平低等一系列难题，这都在一定程度上制约了建筑行业的发展。一般来说，承包商的能力越强、越综合，就越能适应全过程工程咨询的模式，也能更好地与业主方和全咨单位配合，共同提高项目管理绩效。

另外，不同类型的业主为了实现项目目标在承担风险的种类和大小等方面的态度有很大的差异，也应当考虑在内。

2. 项目外部因素

外部条件主要考虑的是项目属性，如项目复杂程度，项目复杂程度是指项目复杂性带来的不确定性，可能导致预期的工程量增大、质量目标难以实现等。项目复杂性主要由组织复杂性和技术复杂性组成，反映的是要素之间的差异性和相关性。项目本身复杂性的不断增加和对项目复杂性的低估是造成项目失败的重要原因也对项目管理的各个方面产生了重大的影响。其在一定程度上会对风险分析、项目计划、控制、目标制定、组织结构设计等一系列的项目管理活动，也在一定程度上对管理者的经验能力、技能等提出了不同的要求。一般情况下，项目的规模越大，项目的复杂度就越高，项目所需的工期就越长。在工程项目建设的过程中，不同的建设项目的项目规模和复杂程度都有所不同，规模大的项目一般来说复杂程度也会相对较高。因此，大型项目的业主往往不会选择自主管理的方式，此时业主更倾向于选择专业性更强的咨询企业来对项目进行全方位的技术管理和项目目标管理。

(二) 全过程工程咨询介入业主方项目管理的方式

业主委托全过程工程咨询目的是改变以业主自管模式或制度分割所形成的"碎片化"咨询服务的格局。这种由"碎片化"到集成的转变，是业主和工程咨询企业间关系的转变，也是咨询企业集成能力的转变。

工程代建的本质是使用单位将建设项目委托给代建单位即专业化工程项目管理公司代为建设直至交付使用，通过专业化项目管理最终达到控制投资、提高投资效益和管理水平的目的。但在此模式下，业主方参与程度低，只是负责"上传下达"，提出自身需求并监督咨询单位工作的落实。

在咨询单位主导模式中，咨询单位承担大部分管理工作，由职能部门提出解决方案或处理意见，重要事项由建设单位的相关负责人做出最终决策并签发指令。在这种模式下，业主方既有一定的参与度，又弥补了自身在专业知识和人力上的不足。咨询单位具有一定的自主决策权，能较为充分地发挥自身在专业知识和管理水平上的优势；与此同时，业主方既保证了自身的决策权又有效减少了繁杂的管理实务，还提高了自身的管理水平，培养了专业人才。在业主方主导模式下项目管理团队的大部分技术人员是由业主方提供的，咨询单位仅仅安排少量的技术人员，协助业主方完成项目管理工作。这种模式是以业主方为主、以咨询单位为辅。咨询单位主导模式和业主主导模式都可以充分发挥双方的特点和在项目管理方面的优势，最终实现"共赢"的结果。而选取何种模式应当视业主方和咨询单位双方的情况具体决定。

咨询单位顾问模式是指由业主方自行组建项目管理团队，咨询单位只是提供专业的咨询并不参与项目部的组建。此种模式与前三种模式有很大的不同，在此模式下咨询单位的参与程度很低，只是完成专业的咨询服务，只对提供的咨询服务成果负责，而业主方则需要对工程建设所有的事项负责。在建设项目实施过程中，咨询单位作为建设项目的顾问，需要面对各种各样的专业技术问题，但具体问题需要业主方另外委托专业机构去解决。

二、全过程工程咨询介入后的项目治理结构

(一) 对项目组织认识的演化过程

项目组织是从事项目具体工作的组织，是由项目的行为主体构成的，对其的认识也在项目实践中逐渐深入。

临时性组织是指缺乏正式结构、陌生成员间短期协作、完成特定任务后解散等特征的组织，临时性组织在实践中普遍存在，而建设项目团队则被认为是最为典型的临时性组织。在此阶段，学者围绕时间、任务、团队和情境嵌入性对临时性组织的内涵进行了深入的探讨，并将建设项目团队定义为一种在规定的时间和预算范围内，为创造独特的产品、服务或成果而进行的临时性工作的临时性组织。

社会网络组织在对项目管理的研究范式由管理层面转入制度层面之后，学者越来越关注利益相关者之间的关系问题。近年来，主流治理理论沿着从单个公司到企业集团、从传统企业到网络组织的发展脉络，逐步形成了股权至上逻辑下的单边治理、利益相关者合作逻辑下的共同治理以及协同竞争逻辑下的网络治理等理论。在这一阶段，关系治理、社会资本理论、声誉理论等理论方法被引入项目管理领域，从而增强了项目这一临时性社会网络中的信任与规范程度，为项目治理添加了润滑剂。

建设项目投资规模大、周期长、技术复杂、环境动态多变、相关利益主体众多，且项目环境和项目活动固有的社会属性、组织要素间复杂的正式和非正式关系，决定了项目是行动者、行动者间的关系所组成的面向机会的、跨越组织边界的网络型组织。在项目周期中，负责指导、策划、执行项目的

多个具有独立经济利益的主体通过契约方式组合到一起，构成了网络组织的节点。项目各个参与组织之间存在各种各样的交互关系，工程项目的时效性使其形成随时间不断演化的动态网络。而全过程工程咨询项目是依托于建设项目而存在的，其具备建设项目的某些特性，同样是由项目利益相关者组成的跨越组织边界的动态网络组织。

(二) 全过程工程咨询项目的概念与界定

全咨项目的专业服务交易层面的委托代理关系全过程工程咨询通过把项目生命周期分阶段的咨询融为一体，提供集成性的管理和专业咨询，最大化地实现项目目标。全过程工程咨询企业受业主委托，并在企业中择取特定的专业人士，组成跨越职能部门的全过程工程咨询团队（简称全咨团队）。全咨团队依照咨询合同接受业主的全部或部分授权，以业主利益为主进行全阶段或分阶段的专业咨询服务，同时监督和帮助承包商行使权利和义务，协调业主与承包商之间的关系。

全过程工程咨询项目中的专业服务交易主体之间存在委托代理关系，即委托方和咨询方针对特定的专业服务形成的委托代理关系，其中业主与全过程工程咨询企业之间存在基于委托服务合同的委托代理关系，全过程工程咨询企业与全咨团队之间存在基于雇佣合同的委托关系，业主与全咨团队之间存在基于实际授权的委托关系。显然，形成了业主与咨询企业为双委托人、咨询团队为代理人的共同代理关系。

全咨项目的实施与交付层面的委托代理关系业主委托承包人进行施工建造等任务实施，并将工期、质量、安全、成本等项目目标作为建设项目交付成功的衡量指标。建设项目实施前，业主与承包人会签署发承包合同，并针对特定的建设项目采取适合的项目交付方式。DB、EPC 等集成化交付方式的出现，使得发承包双方对项目控制权的分配发生了变化，总承包人也需要以项目的成功交付和使用为目标，进行全过程项目管理。

全咨项目的工程建设任务实施过程中，业主作为工程项目管理的核心，承担建设项目总决策者、总控制者、总组织者等角色。全咨团队作为业主的缺位和补位，以业主利益为主，对业主的工作进行延伸和补充。承包人作为建设实践活动的主要执行者，充分利用以往项目管理的成功经验行使权利和义务。这一层面主要包括业主与承包人之间发承包合同的委托代理关系，同时业主委托全咨团队对承包人进行监督与协调，那么全咨团队与承包人之间存在监督、协调关系。为确保承包人在业主委托下顺利并积极进行工程任务实施、实现项目成功交付，全咨团队应在业主的实际授权下对承包人履约进行控制。

全咨项目中全咨团队的跨边界者角色全过程工程咨询项目组织结构的不同交易层级中存在不同的委托代理关系，而全咨团队则成为全咨项目中的跨边界者，第一个应有之义是接受业主委托参与业主方项目管理，为业主提供好的技术和管理服务方案（策划咨询、工程设计、勘查、工程管理等）和参考意见，确保业主方项目管理目标实现；第二个不可忽略的基本职责就是通过行使管理的计划、组织、协调、控制等全过程项目管理职能，通过强化项目管理来监督和帮助承包人能按合同约定的项目目标完成工程。此时，全咨团队不仅仅是通过专业知识来弥补业主与承包人之间信息不对称产生的冲突，更需要通过发挥跨边界角色来降低业主和承包人对项目感知的不确定性，减少业主和承包人之间的不信任状态及沟通屏障，促进双方进行信息和资源交换、规范和协调交易双方的行为。

综上所述，全过程工程咨询服务的内容涵盖工程建设项目前期研究和决策以及工程项目实施和运行的全生命周期，全过程工程咨询是与集成化建设项目组织实施方式匹配的最典型的工程咨询模式。那么，当业主委托全过程工程咨询服务后，形成了业主、全过程工程咨询方、承包人为三方责任主体，既有业主委托全过程工程咨询服务的委托代理关系，也有业主委托发承包合同的委托代理关系。

（三）全过程工程咨询项目的治理结构

交易成本理论认为，交易与治理结构的合理匹配，可以在一定程度上抑制资产专用性、不确定性和交易频率带来的消极影响。理想合约、长期合约和关联合约分别与前面的古典型契约、新古典型契约和关系型契约相对应。在理想合约中，有着详尽的合同，严格按照合同规定的权利和义务进行交易，并没有涉及资产专用性；长期合约中则涉及资产专用性和不确定性，但不确定性也增加了合同关系破裂的风险；关联合约则可以在一定程度上解决这些问题，主要是涉及高交易频率，要求专门的组织来完成交易。

(四) 全过程工程咨询项目组织的生产属性

全过程工程咨询项目中业主对咨询服务的核心关切点就是希望在合同框架内 (承包合同、咨询服务合同以及合同中约定的技术标准和要求) 解决工程项目的技术和管理问题，希望所有的结论均是基于对技术和功能所作出的判断。因此，全过程工程咨询企业为建设项目价值增值的基本途径包含两个方面：第一个应有之义是为业主提供好的技术和管理服务方案 (策划咨询、工程设计、勘查、工程管理等) 和参考意见；第二个不可忽略的基本职责就是通过行使管理的计划、组织、协调、控制等全过程项目管理职能，帮助承包商按合同约定的项目目标完成工程。可见，全过程咨询项目的生产属性既包括业主方委托全咨单位项目管理提供知识服务的过程，也包括通过强化项目管理激励承包人履约，成功交付工程项目的过程。

第二节　全过程工程咨询项目的组织设计及管理优化措施

一、全过程工程咨询企业的项目组织结构

(一) 工程咨询企业职能与项目的双层组织结构

全过程工程咨询企业的组织结构分为两个层面：一是为了确保实现企业长期战略目标的企业层面的职能结构层，主要包括职能式、事业部式、矩阵式等基本形式，每种形式都有各自的优缺点；二是为了确保实现项目短期目标的项目层，常见的项目层组织结构包括工作队式、部门控制式、项目式和矩阵式等。同时，这两个层面的组织结构又有自身需要关注和设计的重点。

工程咨询企业的职能部门层面由于工程咨询企业的主要业务是运作项目，其企业层面的工作可以从三个阶段进行划分：一是执行项目的决策；二是项目执行过程中的监督和保障；三是执行后的资源储备。

与工作内容相对应，在对工程咨询企业的企业层面的职能结构进行设

计时也应该包含这三个方面。首先是决策机制的确定，在项目前期阶段，企业决策层如何决定"做正确的项目"是组织设计的关键，也是确定部门和项目目标的基础。其次是保障和监督机制的确定，项目执行阶段的重点在于为业主提供符合其需求的咨询产品，同时要确保部门和项目团队与公司战略发展一致，制定一些保障和监督机制（如监督、报告和绩效考核等）是十分必要的。最后是资源储备机制，这是指在项目结束后，对项目进行总结、汇总，形成包括知识管理和技术储备的数据库，从而促使企业能够具备重复类似项目的能力。

工程咨询企业的项目层面在工程咨询企业的项目层面，其工作主要是在给定资源、给定目标的情况下完成既定的目标要求，该部分要求就落在项目经理的肩上。该层面的主要工作是依据公司/部门目标设定及项目具体要求，设计各项职能管理，如进度、质量、成本控制、风险控制、范围管理、资源控制等。因此，该层面组织设计主要是围绕完成委托咨询项目的绩效目标如何控制与实现而展开。

（二）全过程工程咨询企业内部的组织模式

不同咨询项目的组织模式决定了项目的运作模式，同理，不同全过程工程咨询企业内部组织模式也决定了咨询企业内部组织的运作模式，进而决定了不同组织模式对应的项目组织构架及咨询企业内部组织关系。全过程工程咨询项目在实施前应就特定项目的特定特点，选择适合的组织模式，并明确每种模式的优、缺点，采取适合的控制机制。

全过程工程咨询企业与一般企业相类似，企业的组织结构也可以分为三个层次，分别为决策层、管理与协调层和执行层。但是，工程咨询企业的二维结构特征使得咨询企业的组织架构设计需要兼顾企业职能层与项目层的有效结合。因此，全过程工程咨询企业的组织模式主要包括直线式、矩阵式两种，并可以分为决策层、协调管理层和执行层三个层次。

矩阵式组织模式适用于大型复杂的综合性项目，或者能分解为许多小项目的工程，适合工程量大、内容庞杂、技术复杂、工期较长、对资源共享程度要求较高的项目，矩阵式组织富有弹性，有自我调节的功能，能更好地适合于动态管理和优化组合，能在保证项目尽力对项目最有力的控制前提下，充分发挥各专业职能部门的作用，具有较短的协调、信息和指令途径。

直线式该组织模式根据现有组织架构设置相关职能部门，按项目咨询业务种类和发包情况设置咨询业务部门，咨询业务部门和职能部门并列布置。

该模式的优点：① 在这种组织模式中，职能部门将所有具有与特定活动相关的知识和技能的人安排在一起，分工明确，有利于管理，职能部门的内部管理效率较高；② 由于咨询团队与职能部门并列设置，受职能部门的约束较小，生产效率较高；③ 该模式为传统模式，员工的适应性强，对该模式的抵触小。

该模式的缺点：① 由于项目大，过程中需要大量的跨部门协调，而组织结构又是直线职能式，因此横向沟通困难。部门之间的沟通都需要通过项目经理，这会使纵向层级链出现超载，项目经理每天要批示大量的决策，因此会出现决策堆积，项目经理不能做出足够快速的反应。② 该组织适合于项目任务不太复杂、人员素质稍低的项目。对项目需要组织快速适应外部环境、项目人员素质较高，项目任务重、环境复杂等情况，该组织就不适合。③ 这种组织形式不利于成本精细化管理，不能进行有效的成本核算和成本管理，很难节约成本。

综上所述，全过程工程咨询企业的组织结构是由企业职能部门和项目团队的组织结构所决定的，可以进一步分为决策层、协调管理层和执行层。需要注意的是，由于每个企业自身的情况、面临的外部环境和项目的不同都有可能导致企业组织结构的改变，探寻影响企业组织设计的关键因素也是确定全过程工程咨询企业组织结构的一项重要工作。

二、全过程工程咨询企业组织设计的关键控制点

(一) 战略决策层的关键控制点

决策阶段。对任何工程咨询企业而言，全过程咨询项目的项目管理前期在产品的整个生产过程中都具有重要的意义。在企业的咨询服务产品项目管理活动中，项目前期一般涵盖收集市场信息至与业主签订咨询服务合同为止的所有工作内容。在项目的决策阶段，企业决策层主要考虑的是能否从项

目的生产活动中获得合理的经济利润，为业主实现项目的价值提升，形成良好的声誉，进而获得长期的隐性收益，这是企业发展战略的重要组成部分。上述要求体现在项目决策阶段，意味着决策层必须就企业能否从咨询服务产品的生产过程中实现企业发展目标作出判断，即决策层要决定企业"做正确的项目"，这也是项目决策阶段的关键控制点。

实施阶段。项目实施阶段的工作任务主要包括：根据全过程工程咨询项目的实际情况组建对应的项目团队，根据业主的个性化需求对项目的实施情况进行成本、进度和质量等方面的控制。项目实施阶段进行内控的动机和目标要明确、具体，这一阶段的目标也将直接决定企业的发展战略，决定企业能否实现由企业成长的聚合阶段向正规化阶段，甚至更高阶段的跨越。在此阶段，咨询企业决策层最关心的就是提供的咨询服务产品能否满足业主需求、能否逐渐形成企业的核心竞争力、能否获得良好的声誉。综上所述，在项目实施阶段，决策层对组织运行的控制点在于确定项目的监督体系，对咨询服务产品生产过程中的成本、质量和进度的控制情况进行必要的审核，关键在于对成本控制情况的审核。

收尾阶段。咨询服务产品的生产过程完成后，整个项目的生产即进入收尾阶段。这一阶段应完成的主要工作包括咨询服务产品的移交、相关费用的结算、咨询服务产品项目成果资料的总结等。此阶段的控制重点在于咨询服务产品项目成果资料的总结。

(二) 管理与协调层的关键控制点

决策阶段。管理与协调层在项目决策阶段的工作大致可分为三个方面的程序：一是咨询服务产品的立项审批手续；二是咨询服务产品的项目投标程序；三是咨询服务合同的签订程序。在立项审批程序中的关键控制点分为两个方面：一是对该层级市场开发部门的立项申请进行审核；二是在立项获得决策层批准后，对执行层在某一时期内的咨询服务产品项目生产能力进行核实，以确保项目生产活动的顺利进行。而在投标及合同签订程序中，管理与协调层的关键控制点是对合同条款的完整性、合理性等内容所进行的审核工作。

实施阶段。在全咨项目的实施阶段，管理与协调层的相关部门主要负责对项目实施后的情况进行控制，包括项目的成本、质量和进度的控制，项目阶段性成果的核算等。而由于执行层的项目团队拥有对项目的实际控制权，管理与协调层的控制大多是采用间接方式实现的。如对成本控制，主要手段是月度和年度核算；对质量控制，主要手段是进行客户满意度调查；而进度控制则是根据项目经理填报的项目审批表进行节点控制，这也是此阶段的关键控制点。

收尾阶段。全咨项目进入收尾阶段时，管理与协调层的相关部门需要就项目的完成情况进行完工评价。从项目生产的过程控制角度看，这种完工后的评价机制有利于对企业其他在产或新开发项目的生产过程进行有效的控制。因此，完工评价是此阶段管理与协调层的关键控制点。

(三) 项目执行层的关键控制点

决策阶段。如前所述，项目前期不同阶段的大部分工作内容都由管理与协调层完成，在此过程中，确定项目团队主要成员是最为重要的控制环节。对于执行层中的项目专业部门而言，选择并确定正确的项目团队主要成员是实现项目管理成功的重要先决条件。

实施阶段。在项目实施阶段，应由项目经理根据项目类型、项目规模、项目特征等方面的因素配置项目专家和项目成员，并组建项目团队，通过计划、组织、指挥、协调、控制，实现项目目标及业主需求。项目经理和项目专家在项目团队中处于不同的层次，对全咨项目管理活动的控制权限也有所区别。此阶段的关键控制点是对项目执行情况进行监督、协调。

收尾阶段。按照前文描述的收尾阶段所应完成的主要工作内容，执行层在此阶段应着重完成项目各类款项的结算，并完成对项目团队普通成员的项目执行情况的绩效考评，这些工作内容一般都应由项目经理负责完成。因此，项目经理是收尾阶段执行层的控制主体，其工作内容是关键控制点。

综合上述分析可以看出，咨询企业在全咨项目的项目管理过程中的不同阶段，内部控制关键节点的执行主体是不同的，一般由不同层次的部门承担。然而，在上述控制体系中仍存在一些问题，突出表现为全咨项目管理过程中关键执行主体的职责过于集中，容易导致信息阻塞，造成效率下降等。因此，在设计企业组织运行的控制机制时必须首先对组织中各层级的岗位职责进行合理的界定，并以此为基本切入点，分析如何实现有效的控制，可行的主要手段在于建立对不同层次上各部门的激励与约束机制，这也是企业组织控制机制设计将要涉及的主要内容。

三、全过程工程咨询企业组织协调规划方案

(一) 组织内部控制机制的设计

1. 岗位职责的界定

(1) 战略决策层的职能设置原则

战略决策层在企业组织运行中的职能主要包括三个方面的内容：① 制定并实施企业的发展战略，如通过企业的产品结构调整、组织再造等实现企业核心能力提升；② 建立企业组织运行机制顺利运行的制度保障，如通过合理的薪酬制度和绩效考评制度激发企业组织中其他层级各行为主体的行为，使其能够与企业发展战略保持高度一致；③ 对企业组织运行机制中某些重要的内容予以直接控制，如对是否参与咨询服务产品项目的生产作出决定，在资金管理上推行严格的预算制等。

因此，基于内部控制理论的视角，战略决策层的职能设置原则必须满足以下几个方面：首先要能够制定明确的符合企业当前实际状况的发展战略；在此基础上，还要对企业组织运行机制的制度性保障措施作出合理的安排；此外，决策层还需对企业组织运行中某些关键性的环节进行直接控制。

(2) 管理与协调层 (PMO) 的职能设置原则

管理与协调层职能设置应满足以下原则：首先，应保证决策层发出的各种指令和执行层报送的各类信息都能够及时有效地传达；其次，在咨询服务产品的生产过程中，某些关键控制点上相关部门的职能不能集中于某一部门，以免造成管理与协调层面的业务流程阻塞，进而对企业组织运行的畅通性造成不利影响；最后，管理与协调层次的控制体系要求该层次能够高效率地执行战略决策层制定的制度性保障措施。

(3) 项目执行层的职能设置原则

企业组织运行的执行层位于控制体系的末端，是咨询服务产品项目的生产过程中直接面对客户的行为主体。执行层各部门的职能设置原则相对较

为简单，关键在于必须能够在实质上响应决策层、管理与协调层对控制体系的要求。即该层的各部门在设置部门职责时要从保证项目管理成功的角度考虑。

2. 管理与协调层和执行层的控制机制

（1）管理与协调层的激励与约束机制

激励问题源于劳动分工与交易的出现，也正是由于劳动分工，导致代理制的出现。全过程工程咨询企业运行机制中面临的重要问题之一就是如何在充分授权的前提下加大决策层对整个企业的控制力度。在一般情况下，组织内部常用的控制手段与组织的性质有较为密切的联系。市场运作下的工程咨询企业往往以利润最大化作为企业的重要目标之一，在存在大量不对称信息的条件下，加大组织的控制力度则需要对组织运行中各相关职能主体进行必要的激励，使其在咨询服务产品生产过程中的行为与企业发展的战略目标一致。

如前所述，信息不对称在企业组织运行中广泛存在。同时，由于组织内部各层次职能主体的有限理性，在通过内部控制的基本原理对组织运行中各职能主体的职责定位予以明确界定的条件下，报酬激励机制是构建有效的组织内部激励制度的重要手段。

（2）执行层的激励机制

从构建组织内部控制机制的角度考虑，在明晰各层次行为主体责任的基础上，组织运行的控制机制要求企业在组织中的不同层次上均应建立合理有效的激励与约束机制。考虑到工程咨询企业生产要素的某些特征，企业组织运行执行层上的员工所拥有的人力资本是其中的重要生产要素之一，具有一定的专用性。同时，这种形式的资本是一种动态资本，其变化将引起作为各生产要素投入载体的企业的适应性反应，表现为各种新型组织结构的出现。同时，建立基于人力资本专用性的企业组织运行执行层上的激励与约束体系将有助于进一步完善控制机制的作用。

工程咨询企业的产品特征主要表现为咨询服务，除了为客户提供专业的咨询服务，工程咨询企业还在这一过程中为适应客户的需要建立相应的组织。对于工程咨询企业而言，组织的知识和技能的形成主要表现为以项目经理为代表的项目团队的专用性人力资本的投资过程。人力资源在工程咨询企业咨询服务产品的生产过程中处于核心地位，而项目执行层的项目经理的水平将直接影响企业的成长。因此，企业组织在项目执行层上的控制主要以对项目经理的激励与约束为主。

(二) 明确组织运行中各部门的职责分工

战略决策层的职责在构建全过程工程咨询组织运行机制的控制体系时，决策层的职责应分为以下三个层次的内容。

首先，决策层负责根据企业发展的外部环境，如工程咨询行业的发展趋势、工程咨询市场的变化等因素，并结合企业发展的实际状况，包括咨询服务产品的结构、企业在本专业工程咨询市场中的地位、企业的专业技术人员构成等，制定符合自身情况的企业发展战略。

其次，决策层应根据企业当前的发展战略，建立企业组织顺利运行的各项制度保障，如针对组织中不同层次行为主体设置合理有效的薪酬激励手段、对项目执行层的咨询服务产品生产过程实施绩效考评等。

最后，决策层的职责还应包括对组织运行中某些重要工作内容的审批，如咨询服务产品生产过程中的项目立项环节、组织运行中的预算审批等。

管理与协调层的职责管理与协调层负责集中、协调、管理所有项目，职责从直接管理项目到提供项目管理支持。它是组织提高项目分析、设计、管理、检查等方面能力的关键资源，是组织内部项目管理最佳实践的中心。

四、建筑工程项目全过程咨询组织管理优化的具体措施

(一) 设计深层次建筑工程项目全过程咨询组织模式

在建筑工程项目全过程咨询组织管理工作中，为确保咨询管理企业高效开展工作，应深入分析咨询组织管理模式类型，并掌握建筑工程建设的实际需求及限制条件等。现阶段，建筑工程项目建设受到多种因素的影响，项目全过程咨询组织结构有线性式和矩阵式两种组织结构。在线性式咨询组织结构中，合理分化整个建筑工程项目是核心工作，将其分成多个咨询管理小任务，再集成化管控各个小咨询任务的组织成果，从而实现对建筑工程项目全过程咨询的全面管控。线性式咨询组织模式有明显的应用优势，能充分

考虑建筑工程项目的各个细节部分，提高咨询组织管理效率。在建筑组织模式管控中，矩阵式组织结构的使用率最高。在矩阵式组织结构实际应用过程中，首先会对建筑项目的核心内容进行提取，再分析建筑工程建设的一系列约束条件，有效管控整个建筑工程项目的全过程咨询组织。但矩阵式组织结构存在明显的缺点，在实际管理过程中，若某个约束条件失去价值，将会使整个咨询管理模式架构发生问题，严重阻碍建筑工程进行项目施工。

(二) 优化改进建筑工程项目全过程咨询组织管控

1. 建筑工程项目成本管理方面

在建筑工程项目管理工作中，项目成本管理是关键性内容。若项目建设成本远超出预算，将会使建筑工程项目的经济效益大幅度降低。若是建筑工程项目成本投入过低，将可能使各项次级施工材料应用在建筑工程建设中，导致工程最终施工效果不能达到预期。因此，建筑工程项目管理中，应借助项目全过程咨询组织管理对项目成本进行科学管控。例如，定期记录建筑工程项目施工材料的采购及使用情况，做好备案管理，鉴别施工账目是否全面准确，还应仔细检验商品质量。

2. 建筑工程项目合同管理方面

在建筑工程建设施工中，合同能对施工方、业主的行为进行有效约束。若签订合同的双方在实际施工过程中发生纠纷问题，可依据合同约定执行管控。因此，在建筑工程项目管理中，项目全过程咨询组织管理应在签订合同前仔细审核合同内容，若发现界定模糊的问题，应及时反馈给合同双方进行修正。

第七章 全过程工程造价咨询优化探讨

第一节 全过程工程造价咨询控制要点及优化措施

一、全过程工程造价咨询的控制要点

(一) 项目决策阶段

在进行工程项目预估工作的时候，相关工作人员应当展开相应的工作实践。首先，工作人员要对工程项目的相关数据信息进行总结、整理合并，以及全面分析等，并将相应的评估指标进行归档。要依据工程项目的真实情况，合理调整有关指标，务必保障其能够适应新的发展方向。其次，相关工作人员应当对工程项目的投资风险以及投资成功后的收益评估工作加强重视，制定工程项目投资风险防控方案，借此推动工程项目的稳定发展。全过程造价咨询活动在制定决定性方案的时候，会对其产生直接影响。因此，一般在工程项目决策阶段，有关人员应当以全过程造价咨询工作编制的项目可行性报告为凭证。该报告中会包含现阶段的市场调查，工程项目设计方案的选择，以及该项目经济风险、收益等内容。在这个前提条件下，有关人员对工程项目不同节点可能会发生的风险、能够获取的利益进行综合考量，这样才能为科学有效地制定项目决策，编制科学的工程项目施工预算打下优良基础。

(二) 项目设计阶段

在工程项目设计阶段进行工程造价咨询活动的时候，相关工作人员要掌握种类繁多且更加全面的知识，要掌握工程施工工艺等重要因素对工程建筑项目设计成效以及造价成本的影响。工程建筑项目设计阶段中的造价咨询工作，主要包含工程设计估算、预算等方面。工作人员不仅要将这些元素分

成独立的系统，还要掌握每一个系统之间的联系。只有这样，才能落实科学的工程造价咨询工作。在科学计算价格的基础上，设计人员可以对工程建筑项目资金进行利用率提升。因此，在真实的价格计算进程中，相关工作人员应当对影响造价的各种因素进行全面分析，同时还要对工程建设技术、施工技艺、建筑材料、工程施工环境以及相关条件等因素影响，选择相应且合理的股价方案。与此同时，工作人员还应当对设计概算系统进行不断健全与完善工作，可以收集各种不同的工程建筑项目设计方案，并对其进行对比，找出每一份方案中的优点与缺点，进而选择成本最低、效果最好的项目设计方案，借此保障工程建筑项目的经济效益达到预期标准。

（三）项目招标阶段

从事工程造价咨询的工作人员，在工程招标阶段，也需要提供规范化的咨询服务。专业的造价咨询单位与施工单位之间要加大沟通力度，共同携手，保障项目招标工作能够顺利做好。相关工作人员在提供咨询服务的时候，应着力保障招标工作质量。首先，相关工作人员在掌握工程施工真实情况的前提条件下，掌握据顶招投标工作顺利进行的原因，也就是成本以及投标的质量，相关工作人员应当收集并整合技术审查资料，并对其进行详细的分析，在科学合理测算的前提条件下，明确工程建筑项目建设的预算。其次，工作人员应当对工程造价招标文件的把控工作加大力度，实时跟进该文件在不同阶段的出价状况，在比较细节的文件中，应当明确建筑材料以及工程建设所需要的设备等招标细则，并对相应的工作环节、工作流程进行明确，然后才能将其纳入招标指南中，两者都应当共同签订招标文件。只有这样，才能保障后续的工程建设工作中，一旦出现索赔问题，则有相应的凭据可以判断。

（四）项目施工阶段

施工阶段的造价控制工作是工程项目整体中最重要的环节。由于工程建设阶段，各种影响工程造价的因素都在不断地变化，造价咨询活动也变得更有动态特征。首先，施工设计变更、功能整改等内容都有可能影响到工程建筑项目的造价。因此，在正式的工程建设开始之前，工作人员应当对工程变化导致的造价浮动展开估算。其次，工作人员在落实造价咨询工作时，应当定时展开合约管理工作会议，对影响工程造价的因素进行分析思考。其内容应当包括但不限于各种各样的审核工作、落实变更指令的评估工作、工程建筑项目的变更，以及施工环节的索赔等。与此同时，在工程建设阶段，相关工作人员还应当不断健全工程建设成本使用规划，在最开始的施工决策中，展开工程量测算、工程量审核，以及相应的调试评估工作。除此之外，相关工作人员还应当对工程建设过程中产生的造价纠纷以及变更赔偿加强重视，尽可能规避或者减少工程造价纠纷以及造价成本变更索赔对工程收益产生不好的影响。

(五) 项目竣工阶段

在工程施工结束的质量验收阶段中落实造价咨询工作时，相关工作人员应当首先与工程建设管理人员达成一致，共同对完工项目的内容与工程合同的要求进行检验，保障其一致性。与此同时，相关工作人员还应当对工程项目是否符合工程验收标准，以及相关的验收结算方式、计算价格的依据、相应的收费规则是否规范进行充分分析，并且对建筑材料价格是否合理、是否符合正常价格范围内进行审核。相关工作人员在工程项目竣工验收阶段，务必对工程项目的流程以及目标环境的变化情况有熟悉的掌握。只有这样，才能保障工程项目有序正常地进入质量验收环节。大部分工程建筑项目都可以在完工之后的六个月内完成结算工作，相关工作人员应当谨记这一点，同步做好相应的评估工作，对工程造价指标以及相应的工程量进行充分分析，并且将结算成果合理客观地呈现出来。结束工程造价结算工作之后，相关工作人员还应当对本次工作进行经验总结，从中查漏补缺，明确自身的不足之处，并进行优化，借此不断提升自身的服务质量与水平。

二、全过程工程造价咨询的优化措施

(一) 基于更高标准激发全新发展动能

负责工程造价咨询工作的单位，应当以现阶段社会发展需求为基础，在遵守该行业发展规则的前提条件下，不断优化并提升自身服务工作水准，强化技术能力标准以及相关管理标准。首先，相关工作人员要对全工程造价咨询工作的案例加强重视，对相关案例与经验进行分析与思考，借此落实符合科学标准并且具有规范化特点的服务工作。其次，有关部门要对全过程工程造价咨询工作加强重视，要与具有权威性、专业水平高的工程造价咨询单位共同携手，一起制定推行该服务工作的招标文件以及相关合同，强化造价咨询行业的资质管理工作。最后，相关单位应当对从事工程造价咨询工作人员对单位落实可持续发展的作用加强重视，要着重培养相关专业人才，尤其要对人才的专业技术、业务能力、经济理论知识、管理水平，以及法律法规知识等方面培养工作加大力度。与此同时，相关单位还应当不断完善并健全奖励与惩罚制度，借此调动单位内部工作人员的工作激情。例如，单位可以使用分配股权制度，激励单位职工更加用心地投入工作中，也可以使用绩效奖励制度，调动单位内部职工的工作激情。

（二）基于先进技术提高创新发展能力

在现阶段，我国建筑工程项目变得越来越复杂。因此，相关工作人员在计算工程量的时候，会面对更大的挑战与不小的难度。在以往的工程量计算工作中，大部分使用的是人工计算方式，这种方式已经不适用于新时代背景下，愈加复杂的建筑工程结构，更无法满足现阶段工程量计算的真实需求。基于这种情况，工作人员可以合理应用先进技术，如 BIM 技术，这种技术在面对结构复杂的建筑工程项目时，能够有效实现效率高、质量优良的工程量计算工作。无论是复杂的双曲面墙体，抑或形状各异的隐蔽结构，BIM 技术都能够有效地实现相应的工程量的计算。在 BIM 技术的支撑之下，工作人员可以将类型有所区别的建筑物构件，与相应面层转变为三维立体图形，有效落实图形可视化。与此同时，工作人员借助该技术，还能够依据建筑工程的几何结构以及相关数据信息，对该工程的工程量进行准确计算。即便是建筑工程项目的施工设计发生了变化，该技术也能够直接在已经建设好的三维立体模型上进行整改，对成本增加情况以及减少情况进行动态分析，进而给工程造价工作人员提供有力的数据支撑，帮助造价管理工作人员提升自身的业务能力。

(三) 基于细节把控提高造价咨询精度

全过程工程造价工作的关键在于动态跟踪以及相应管理控制,从制定策略阶段到工程施工完成验收质量阶段,全过程工程造价工作都有比较突出的热点。作为从事该工作的员工,应当在全方位发挥全过程工程造价管理控制的基础上,对工程造价咨询工作细节的改良提升加强重视,进一步强化该咨询工作的精细化水平。详细地讲,相关工作人员应当以细节为基础,对工程建筑造价咨询工作精细程度进行有效优化。首先,相关工作人员要对工程造价中所需要的所有要素特征以及相关描述进行整改优化,这些要素包括但不限于暂时估测价格、清单项目列举、暂列金,以及清单的特点讲解等内容。这样一来,就可以从源头上着手,规避投标或者是报价出现较为严重的偏差。与此同时,这样的举措还能够有效降低工程建设阶段,工程造价出现纠纷事件以及工程施工阶段出现索赔事件的概率。一般来讲,工程造价咨询阶段会出具一个工程量清单,该清单的审核工作,同时会由负责招标的工作人员落实,而投标单位则会负责实地勘察等活动。这样做的目的,是从不同角度入手,对工程清单以及相关勘察报告是否具有真实性、是否科学合理进行严格审核。而负责工程造价咨询工作的职员,也应当积极参与进该环节当中,及时排查并发现实际内容与清单报告描述不符的内容、数据不精确的内容等,并且对其进行有效处理。其次,工作人员在工程造价设计阶段、工程项目建设阶段、工程施工结束后展开质量验收阶段,都应当提前制定好相关造价咨询清单以及相应注意项目,不断强化并改良工程造价咨询工作的细节内容,借此进一步提升工程造价咨询工作的精细程度。

第二节　建筑工程全过程造价咨询服务优化

一、全过程工程造价咨询工作概况

工程的质量控制、进度控制和造价控制是工程项目管理中的三大目标。建筑工程项目投资金额大、工程建设时间长,在项目实施过程中不可预见因素较多。因此,工程造价是直接关系到项目投资效益能否实现的重要指标。我国在 20 世纪 90 年代提出了工程造价全过程管理的理念，要求工程项目从投资决策阶段就开始工程造价的管理，从而实现对项目的全过程控制。2003 年起，我国开始实行了《建设工程工程量计价清单规范》，这是我国建设工程造价改革的新里程碑。

全过程工程造价咨询工作从其实质上看，就是在建设项目各阶段做好工程造价的预测、控制和核算工作，以尽可能少的人力、物力、财力帮助项目获得最大的经济效益。这一过程涉及一系列既相互独立又相互关联的工作以及大量不同专业的技术人员，同时还要受到诸多不可预见的因素影响。因此，如何提高编制预算的质量，遇到问题时如何合理、适时地调整造价，完善建筑工程预算，显得尤为重要。

二、预算阶段对工程造价的影响分析

建筑工程预算能够对整个工程所需耗费的施工材料、设备、人力消耗起到全面预测和制约的作用，减少不必要的费用支出，使各种资源得到有效、合理的配置，保证建筑工程投入与产出的良性循环。对于企业而言，利用有效的工程预算管理能够保证建筑工程成本的准确性，从而进一步提升企业的经济效益。但在实际的预算编制过程中，仍普遍存在预算编制缺乏依据预算人员综合业务水平有待于提高、预算方法相对滞后等问题。针对这些问题，在进行概预算编制管理时应从以下几个方面进行改进。

(一)适时地调整建筑工程预算定额

目前，建筑工程预算编制存在应对能力差编制方法陈旧、创新能力不强等弱点，编制人员应及时把握市场动向，根据不断上涨的人工、原材料、管理工时等费用，新出现的科技产品，以及不同地区的具体情况，适时地对建筑工程的预算定额进行调整或变更。编制人员只有紧跟时代步伐，掌握市场变化动态，才能使预算编制更加合理。

(二)提高预算人员业务能力

由于不同的预算人员对定额的理解不同，编制预算时计算出来的量也千差万别。因此，不断提高预算人员的综合业务能力，确保每一个造价都有依据显得非常重要。实践经验表明，工程预算人员不仅需要从各个方位、多种角度审核施工图和工程量，统一现阶段市场上材料的价格，避免造价超预算；还需要了解工程设计、设备采购、现场工艺流程等各方面的专业知识，熟悉工程项目中每个阶段、每个过程，认真审查工程项目中定额的有关内容，尽量避免出现少算、漏算、多算的现象。同时，还要能深入施工现场，对出现的问题进行及时分析与控制。

三、项目实施阶段对工程造价的影响分析

项目实体施工阶段是项目建设全过程造价管理的重要一环，这个阶段将直接决定工程项目实际投资额度。在这一阶段，项目相关各方均会对造价产生影响。

（一）发包方行为对造价产生的不利影响，包括但不限于由发包方原因造成的工期延误或暂停施工、因发包方额外要求而导致的施工单位的赶工、由发包方原因导致的进度款延期支付、由发包方不合理要求或其他行为引起的费用增加等情况。此类原因所产生的损失一般应由发包方承担。

（二）承包商行为对造价产生的不利影响，包括但不限于因施工单位施工技术方案不科学、组织管理不到位、工作存在失误等原因引起项目成本增加，产生赶工费用，以及导致工期延后等情况。此类原因所产生的损失一般应由承包商承担。

（三）业主方工程师行为对造价产生的不利影响，包括因业主方工程师进行现场工程量计量而导致工期滞后，因现场管理人员专业知识水平不高、责任心不强而导致的施工工艺不规范、工人偷工减料等问题，由业主方工程师发出的不正确指令而引起的施工单位损失以及因业主方工程师其他行为造成的工程造价提升等情况。此类原因所产生的损失一般应由业主方自行承担。

（四）设计方行为对造价产生的不利影响，包括因设计方发出与施工现场不符的设计变更而导致工程成本的提升，因设计人员的行为失误而引起工程量增加，以及因设计存在错误而引发项目建设损失等情况。

（五）在工程项目实施过程中，还可能会受到诸如政策调整、条件变化等一些外部因素的影响，导致不得不对工程设计进行变更。

综上，施工阶段可能引发项目变更的因素涉及范围很广。这些影响因

素都会使建筑工程的预算产生偏差，从而导致建筑工程造价超支。以桩基工程举例，一旦设计发生错误，需要重新确认土石挖运运距，探查入岩深度是否达到设计深度、检验混凝土充盈系数是否过高，以及验证回填复打材料使用量是否准确等。这些费用的发生涉及控制工程价款变更、现场管理进度款支付、索赔与反索赔等多个方面的工作，如果不加以严格审查，极易大幅度增加工程造价。因此，在实际的工程造价过程中，应充分考虑到这些因素，将造价控制在合理的可变动的范畴内。同时，随意变更工程概预算，可能会造成管理上的混乱现象，应尽量避免。基于上述分析，在项目实施阶段应着重从以下几个方面加强造价管理。

1.加强对施工图和施工组织方案的审核。图纸会审工作主要是针对施工图和施工组织方案进行审核。图纸会审工作能及时发现图纸中存在的冗余、错漏等问题，从而有效避免因返工造成的成本提升和资源浪费，也减少了签证的产生。施工组织方案是由施工单位编制，通常需要建设方工程师审核通过后才可以实施。一个好的施工组织方案能合理地分配人力、物力，避免因组织不力或者技术不匹配导致更换方案或返工。

2.加强签证管理，严控设计变更。在影响工程造价变动的因素中，工程变更引起的造价增加是最常见的问题。因此，现场管理人员应重视施工过程中的变更问题，执行"分级控制、限额签证"的方法，严格控制工程变更，严守变更的审批程序。在变更实施前，必须会同建设方、设计方、监理方确定变更是否必要，明确产生的变更费用应由谁来承担、对工程造价的影响程度如何等问题。及时做好因变更造成的造价增减及现场签证的施工现场记录，加强对现场签证的管理，严格按照现场签证的形象进度和管理流程进行审核。确实需要签证的，做到签证随做随签，避免签证工作的延后。同时，签证应尽可能标准化，对变更要逐一编号，避免重复计算；拒绝工程盘含糊不清的签证，争取对工程造价的主动控制。

3.合理配置工程材料，控制材料价格。工程建设过程中设备材料费占比较大，材料、设备价格的高低、消耗量多少将对工程造价产生直接影响。一些施工企业在施工过程中不注意合理配置材料资源，现场材料消耗量过大，频频出现废料，都会造成工程造价的大幅增加。因此，在进行造价管理时，应将材料用量的合理控制和材料价格的确认作为工作重点，并派出工程造价相关工作人员常驻施工现场,实时控制工程造价的最新情况,在保证质量的基础上,力争把材料价格控制在合理的水平上。

四、结算阶段对工程造价的影响

结算阶段是造价控制的收口阶段。虽然在项目前期基本上已经确定好了合同条款、施工图纸和一些材料单价,但还是需要经过结算才能确定工程最终的实际投资额,并将其与工程预算和前期估算比较分析,得出结论。

结算阶段影响合同总价的因素包括工程量的增减,设计变更,经业主、设计、监理书面确认的地质条件改变等不可预见因素。依据笔者经验,结算阶段进行造价管理时,应该注意以下问题:(1)预留金为招标专用,工程竣工结算时,需从合同总价中扣除。(2)水电安装工程,由乙方提供材料部分,只要图纸说明里有"按实际需要",都应按图纸要求视作完整报价;只要不是涉及图纸修改,结算时不作调整。(3)报价以现场踏勘状态为最终报价依据,不存在土方回填等调整因素。(4)管线电缆桥架工程量总包,由施工单位按图施工计算,价格不再调整。

在结算审核阶段,对合同价款进行调整的方法主要有以下几条:(1)无论工程量大小,在投标报价中的综合单价都不变。(2)根据发包人认可的设计变更、现场签证或发包人书面指令而导致的工程量增减可调整,预算报价中有单价的按报价中的单价执行;有类似单价的按报价中的类似单价套用;无单价的按报价中的工、料、机组成单价,由承包人提出,经发包人审核后,确定单价。(3)合同范围以外的工程也必须按前两条计价方法计算。(4)发包人指定材料经发包人确定的材料价格可按实结差。

五、全过程造价咨询工作建议

针对建筑工程全过程对造价工作的影响,结合笔者从事工程造价咨询的经验,提出以下几点工作建议:(1)仔细阅读合同条款。合同是建设项目里甲乙双方签署具备法律效力的文件,同时也可以约束双方责权利,一个完善的合同可以避免很多不必要的麻烦,也可以尽可能避免大额索赔和反索赔。因此,造价管理人员必须对合同条款仔细审核,在施工建设期严格按照合同规定和国家标准规范进行形象进度和实际产值的审查。(2)设计变更必须由设计单位出具正式文件，且设计单位应对设计变更负责。此外，设计变更也须经监理单位审查通过，经建设单位同意后，方可实施；签证是证明施工过程中发生了额外工程量，须由施工单位、建设单位、监理单位签字确认并留有影像资料。只有施工完成且三家单位文件齐全的项目才能计入结算中。(3)完善隐蔽工程记录。隐蔽工程具有一定的特殊性，一般浇筑在主体里，结算时看不到，因此施工验收合格后必须对其加以记录。结算时，隐蔽工程必须具备当时的验收记录，由监理拍照签字确认方可计入。(4)严格执行合同单价，按合同计取各项费用。对于合同中没有的新增单价，须按照合同约定的审核原则进行单价审核。除合同另有条款约定外，取费应严格按照合同约定费率记取。(5)按竣工图纸核实工程数量时，造价管理人员应先确定一个计算规则(通常为合同约定的工程量计算规则)，再根据正规的竣工图纸和施工过程中发生的变更、签证等文件一同计算。

第三节　面向 PPP 项目的全过程造价咨询优化路径

一、公共项目属性决定了应对 PPP 项目进行造价监管

PPP 模式与传统模式相比，政府审批部门、项目法人的造价管理工作与以前将有很大的不同，同时设计单位、施工单位、监理单位、造价咨询单位、审计单位、造价主管部门在项目各阶段造价控制也有很大差异。基于 PPP 项目的公共属性以及投资管理的特殊性，必须采取积极有效的措施对 PPP 项目造价进行合理控制与管理，推进我国基础设施事业的发展。

(一) PPP 项目的公共项目属性决定了应对 PPP 项目进行造价监管

政府大力推行 PPP 模式，吸引更多的社会资本参与到基础设施和公用事业的建设中来，以达到提高公共产品或服务质量和效率的目的。在采用 PPP 模式的过程中，无论政府是否实际以货币或实物形式出资参股，可以说至少政府以公共产品或服务的经营权与社会资本进行了交易，直接或间接将公众利益、民生福祉与社会资本进行了关联。政府为公共物品供给的天然主体，但随着经济社会的发展，政府不再是公共服务供给的唯一主体，政府私

人以及公私合作供给成为公共物品提供的主要实践。无论公共物品的提供主体是谁，政府方仍有监督和管理的义务。所以，政府必须加强对 PPP 项目的监管，以保证社会资本提供的公共服务能够满足公众的要求，达到政府、社会资本和公众三方共赢的局面。政府作为公共服务提供的直接关系者，有义务保证 PPP 项目实现真正的物有所值，而这一切实现的前提与基础就是项目的造价得到较好的控制。

PPP 项目全过程中各类数据的推定、采集、校准与调整在一定程度上直接影响政府的补贴额度和公众的支出数额，数据的不合理影响项目的实施，在一定程度上也会导致公众的不满，激化政府与公众的矛盾。而数据的确定基础就是项目的造价，项目的造价作为基础数据影响项目的财务分析、物有所值和财政承受能力，有必要对 PPP 项目进行造价控制管理。

（二）PPP 项目的投资管理决定了应对其进行资产管理视角下的造价控制

从 PPP 项目投资管理的角度来说，PPP 项目一般由政府方和社会资本方共同出资或者社会资本方单独出资完成，社会资本占投资主导地位。当项目建设完成后，社会资本方负责项目的运营维护管理。虽然 PPP 模式处处体现着"自主投资""市场经济"的精神，按照市场经济的内在规律，社会资本应当与政府方一样，具有控制投资额过高的自然动力。但是，政府也需要对项目的建设进行造价控制。PPP 项目的运营期限通常十年以上，在合作期限之内，常常伴随着项目的升级改造以及固定资产的增加，而 PPP 项目通常以资产的移交作为投资回报的途径，这就与资产的形成过程、资产的数量与质量息息相关。基于此，政府方就需要在项目的实施过程中对 PPP 项目的资产价值的形成与增加进行必要的监管，因而加强对 PPP 项目的造价控制是必要的。

二、PPP 项目全过程造价影响政府和老百姓的"钱袋子"

在项目的建设期，项目的设计、招标建筑安装等工作由社会资本独立或者委托第三方完成，在此期间形成的建设造价将暂由社会资本或项目公司承担，待项目期满移交，政府为建设造价的实际承担者。2015 年 4 月 7 日，财政部发布了关于印发《政府和社会资本合作项目财政承受能力论证指引》

的通知(财金〔2015〕21号),其中第九条规定:PPP项目全过程的财政支出责任,主要包括股权投资、运营补贴、风险承担、配套投入等。项目的运营补贴数额与项目造价挂钩,运营补贴支出根据项目建设成本、运营成本及利润水平合理确定,并按照不同付费模式分别测算,将其支付给社会资本方或者项目公司。建设成本的测算以工程项目的造价作为基础数据直接影响着政府的补贴额度,换言之,建设期造价数据是政府补贴支出的计算基数。造价数据的准确性直接决定着政府的支出责任大小,数据偏高会导致公共服务或产品购买的价格增大,增加政府支出负担甚至损害公众利益;数据偏低会导致社会资本方无法获得基本收益,社会资本方将采取降低质量标准的方式获取收益,从而导致公共服务或产品质量的下降,影响公众满意度。

三、我国全过程造价咨询业务流程分析

为规范建设项目全过程造价管理咨询的内容、范围、格式、深度要求和质量标准等,提高全过程工程造价管理咨询的执业质量,中国建设工程造价管理协会制定《建设项目全过程造价管理咨询工作规程》。建设项目全过程造价从决算、设计、交易、施工、竣工五个阶段进行管理。为确保建设工程的投资效益,造价工作相关人员对工程建设从可行性研究开始历经初步设计、扩大初步设计、施工图设计、承发包、施工、调试、竣工、投产、决算、后评估等的整个过程,围绕工程造价所进行的全部业务行为和组织活动。其中,在项目的投资决策阶段,项目的各项技术、经济决策,对项目投资以及项目建成以后的经济效益有着决定性的影响,是工程造价管理一个很重要的阶段;在设计阶段,设计单位应根据业主(建设单位)的设计任务委托书的要求和设计合同的规定,努力将概算控制在委托设计的投资内;在项目交易阶段,工程建设项目达到一定标准以上的均须实行招投标;在施工阶段,主要按照承包方实际完成的工程量,以合同价为基础,拨付工程款;在竣工验收阶段,全面汇集在工程建设过程中实际花费的全部费用,如实体建设工程的实际造价、编制竣工决算。在基础设施和公共服务领域广泛采用PPP模式,与传统建设项目相比较,PPP项目在项目参与方、融资方式以及操作流程方面发生变化。

(一)项目参与主体增多。项目的参与主体发生变化,根据财政部发

布《关于印发政府和社会资本合作模式操作指南（试行）的通知》（财金〔2014〕113号）规定，PPP项目的参与方通常包括政府、社会资本方、融资方、承包商和分包商、原材料供应商、专业运营商、保险公司及专业机构。与传统建设模式相比较，PPP项目参与方增多，众多参与主体以及主体之间形成的不同法律关系更为复杂。

（二）项目融资方式发生改变。PPP项目的目的之一是为缓解政府债务压力实现有效融资，融资方式的创新是PPP项目的特色。PPP项目引入社会资本，由社会资本承担项目大部分的融资任务并负责建设运营项目，通过使用者付费或者政府补贴的方式回收成本以及获得合理利润，该种方式补贴计算基数为项目的造价。

（三）项目增加运营维护环节。采用PPP模式时，政府通过特许经营、购买服务、股权合作方式与社会资本建立利益共享、风险分担的长期伙伴关系，PPP模式突出了社会资本运营项目的环节。运营环节也是社会资本回收投资成本的主要环节，对PPP项目的运作至关重要，改造创新工作迫在眉睫。

基于以上论述，我国传统造价管理体系已不能适应PPP模式的发展，而必须对目前的造价管理方法与业务流程进行优化，以适应PPP项目所需的全生命周期投资咨询业务。

四、面向PPP项目的全过程造价咨询业务构建

项目管理的具体管理模式的选择是业主进行开发时必须做出的重大决策，任何建设项目的造价均与选定的工程项目管理模式息息相关，管理模式的科学合理化选择能最大限度地降低业主风险和工程总造价，有效提高投资效率和盈利性能，使得管理过程及结果更加安全化和科学化。在建设项目具体采用的工程项目管理模式选定后，由于管理模式自身的特性不同，实施方法不同，这种差异性就导致项目建设的每一个阶段，都会对工程造价的最终形成带来不同的影响。在包含建设施工环节的PPP项目操作过程中，可根据设计责任主体以及工程施工主体的不同，选择不同管理模式。

工程造价管理在PPP项目的推进过程中发挥着重要的作用，如果项目的造价没有控制好，公共项目绩效会受损，不能实现物有所值。但是，在当

前的造价管理过程中，还存在造价管理流程不完善的问题，必须在不足的基础上采取有效的解决措施，提高 PPP 项目造价管理的效率。为此，PPP 项目造价管理流程的完善成为当务之急。

(一) PPP 项目应纳入政府投资项目评审与监管范畴

PPP 项目属于公共项目，政府应该承担投资义务，为改革投融资体制采用 PPP 模式，但其项目属性未改变。再者 PPP 项目虽然由社会资本投资，但最低需求量风险由政府承担，使项目顺利建造、运营并回收，故其本质属于政府延迟并多次支付的投资项目。应进行由政府方相关部门主导的全过程工程造价监督或审计。

(二) 需要更精准的投资估算指标以满足 PPP 项目实施方案编制

绝大多数 PPP 项目从可行性研究完成后介入，所以 PPP 项目实施方案的编制依据为可研及投资估算。估算是计算政府收费、可行性缺口补助及调价的重要依据。如果估算不精确则直接影响财政的"钱袋子"。加之 PPP 项目"两标并一标"(总承包商作为社会资本方中标的，在法律允许的范围内可以自行开展施工阶段的工作)，一旦社会资本中标，则原招标和施工阶段投资控制失去闸门，必然会使社会资本获得大量施工利润，进而加剧其一次性博弈的赌徒心理。

(三) 需要工程总承包模式下工程造价咨询服务规范和指引

PPP 项目采用工程总承包模式后面临财政投资评审、投资审计等机构由于 PPP 项目全面铺开时日不久，财政投资评审、审计等机构对 PPP 模式与工程总承包相结合的项目难免生疏。此需要提供工程总承包模式下工程造价咨询服务的规范和内容、工具作为指引，指导工程总承包模式下的工程造价咨询工作。如大量以施工企业为主体的社会资本在内部经营会议上强调，要变过去施工总承包的"正变更"(增加造价) 为工程总承包的"负变更"(减少造价)。在新形势下承包商改变的愿望是最强的，相应的工程造价咨询机构也要转变观念、转变咨询手段。

（四）需要制定更严格的 PPP 项目竣工结算和财务决算制度

PPP 项目涉及建设和运营两大阶段，也是项目资产形成和增加的重要阶段，加强竣工工程结算管理有利于科学反映建设项目实际成本，有利于有效控制工程造价和固定资产投资规模。与传统项目不同，运营期是 PPP 项目的重要组成部分，此阶段运维成本的测算直接影响政府补贴支出责任，制定严格的结算和决算制度至关重要。作为工程造价的最后关口，同时也为满足 BOT 等项目资产形成、折旧、移交的需要，需要制定更严格的 PPP 项目竣工结算和财务决算制度。

（五）需要制定 PPP 项目评价方法与参数以完善 PPP 项目决策体系

在公共项目领域，项目评价体系包括财务评价经济评价、社会影响分析、风险分析。其中，经济评价是最为重要的部分，经济评价的结论对项目的可行与否具有决定性的影响。常用的经济评价方法、绩效检测方式和行政考核标准，不能很好地应对与规范 PPP 模式包含的两个主体——政府方和社会资本方，以及两个主线——效率与融资。而仅依靠物有所值评价法又不能准确评价项目的偿债能力以及其他方面的经济可行性。为此，需要制定出能够兼顾效率与经济属性的定量数据采集、分析以及定性综合评价路径。

第八章 全过程工程咨询项目控制及知识共享

第一节 全过程工程咨询项目的控制机制

一、全过程工程咨询项目的交易特征

(一) 全过程工程咨询服务的交易特征

全过程工程咨询服务是指根据业主方的要求提供专业服务及建议的知识密集型工作，全过程工程咨询服务的交易特征主要包括以下四个方面。

第一，交付物无形性全过程工程咨询的交付物以服务和非实体内容为主，如造价服务、招标服务和项目管理服务等服务内容，以及咨询报告、设计图纸、BIM 模型等非实体内容，这些服务和非实体内容均具有无形性，交付物的无形性使得业主单位很难准确客观地把握全过程工程咨询企业所提供的服务及非实体内容的质量，从而导致咨询服务的评价具有困难性。

第二，交易过程受专业人士影响较大交易的主体通常为人或组织，交易的客体通常为物品、服务、权利等。全过程工程咨询服务的卖方为全过程工程咨询企业及其内部的专业人士。交易客体即为覆盖全生命周期各个阶段不同形式和内容的专业服务。相较于传统的造价咨询服务而言，全过程工程咨询服务涵盖投资、勘察、设计、监理、造价、招标代理等多个专业，所需解决的问题更为复杂，对专业服务的专业性要求也相对更高。这使得全过程工程咨询服务主要由拥有特定专业知识、技能基础的专业人士来完成。

专业服务委托代理服务中的知识类型可分为显性知识和隐性知识两大类，对于业主而言，显性知识易于获得和理解，可采用事前规定和事后监督的方式来对服务内容进行控制。但对于隐性知识，如技术技巧和各种经验，业主则难以事先规定和事后监督。可见，在交易过程中受专业人士影响较大，专业人士可充分发挥自身的积极性和主动性，尤其对于知识技术技巧及

隐性知识利用上具有自主性，在专业判断和决策方面具有自主权，不受他人的监管和评估。

第三，交付物的集成性全过程工程咨询服务的交付物以集成化的综合性服务为主，这种集成化服务可能覆盖项目的项目决策、勘察设计、招标采购、工程施工、竣工验收、运营维护等一个或多个阶段。此外，全过程工程咨询服务涵盖投资、勘察、设计、监理、造价招标代理等多个专业，交付物体呈现出一定的集成性。

因此，全过程工程咨询服务的顺利交付依赖于各个专业咨询团队的协同工作，明确各专业咨询团队的任务分工、任务完成方式以及信息交流和分享机制等，保证项目各个专业咨询团队对其分工以及任务界面达成一致理解。另外，在实践中业主通常需要多家咨询单位来共同完成全过程工程咨询服务，必然会牵扯较多的责任主体，这就需要咨询单位确认其所承担的服务范围。同时，交付物的集成性也对业主的协调管控能力提出了较高要求，业主应合理利用控制手段，保障项目各方的合法权益。

第四，双方共同生产建设工程项目具有一次性，由于项目特征、业主要求等的不同专业服务的内容各不相同。在专业服务委托代理关系中，全过程工程咨询企业受业主单位委托，按业主需求及项目特点提供定制化的专业服务，业主往往会参与到全过程工程咨询服务过程中，提出具体的目标和要求，并促使专业服务的质量在服务过程中逐步形成。此时，业主和全过程咨询企业会组成全咨团队，按照合同完成约定的服务内容。在这一过程中，由于业主方的参与，使得全过程工程咨询服务具有业主和咨询方共同的生产特征。

(二) 工程建设项目的交易特征

业主和承包方矛盾突出由于在工程建设项目中，业主和承包方通常处于相互对立和防备的状态，二者的矛盾尤为突出，交易过程中极易引起机会主义行为。由于双方所处位置及对建设过程中相关信息的掌握程度不同，业主和承包方的利益总是有一定的差异。承包商出于对自身利益的考虑，可能会利用自身在信息不对称中的专业优势，采取投机行为，违背双方的合约，从而影响工程建设项目的顺利开展。如承包商通过"偷工减料"等手段来达到降低成本的目的，如通过"恶意索赔"来取得更多的获取，而全过程工程咨询企业的介入能在一定程度上缓和业主和承包方之间突出的矛盾建设项目的不确定工程建设项目的复杂性和长期性，决定了工程项目的不确定性。这种不确定性主要体现在两个方面，一是交易过程中行为主体的不确定性，二是项目环境的不确定性。行为主体的不确定性主要是因为项目建设过程中涉及设计人员、采购人员、施工人员等多个项目行为主体，不同行为主体会存在自身能力的不确定性、努力水平的不确定性、诚信度的不确定性。这种不确定性在一定程度上影响项目实施过程的顺利开展和项目的交易成本。另外，项目环境的不确定性，如政府出台新政策等，可能需要重新制定或修改项目实施方案，从而提高项目参与方的交易成本

二、全过程工程咨询项目中的委托代理关系

(一) 全过程工程咨询项目中的多层级委托代理关系

全过程工程咨询企业介入项目组织后，业主、承包方、全过程工程咨询方这三大核心参与方围绕建设项目形成了三边治理的组织结构。对于全过程工程咨询项目，不同参与主体之间包括不同性质的委托代理关系，并呈现出委托代理关系的多层级性。

(二) 业主与全咨企业之间专业服务的委托代理关系

在全过程工程咨询项目的多层级委托代理关系中，第一层反映了专业服务的委托代理关系。专业服务代理关系是指委托方和咨询方针对特定的专业服务形成的合同关系。在全过程工程咨询项目中，所指的就是项目业主与全过程工程咨询企业针对特定的专业服务形成的专业服务委托代理关系。

这一层专业服务委托代理关系中，项目业主方与全过程工程咨询企业签订咨询服务委托合同，全过程工程咨询企业的内部结构较为简单，由管理层统筹管理，由专业人士负责具体的实施工作。对于特定的全过程工程咨询项目而言，业主和全过程工程咨询企业会同全咨团队，负责合同规定的全咨服务具体落实工作。此时不同于传统的双边委托关系。全咨团队与其委托人之间存在"多边关系"，呈现出"一仆二主"的共同代理关系。一方面，全咨

团队与全过程工程咨询企业之间存在基于雇佣合同的委托关系，咨询企业与专业人士通过签署雇佣合同，委托其提供专业服务。另一方面，全咨团队与业主之间存在基于实际授权的委托关系，全咨团队有责任和义务履行在授权范围内开展全过程工程咨询服务。然而，有委托代理关系的地方往往伴随着责任不对等、信息不对称、激励不相容的问题，针对业主、全过程工程咨询企业、全咨团队之间"一仆二主"的复杂委托代理关系，三者应该互相沟通、层层管理，协调和控制。

另外，在咨询服务实施过程中容易受到环境的嵌入性影响。业主方、全过程工程咨询企业、专业人士共同体以及项目的其他相关方（如承包商、供应商等）均会对委托方与咨询方组成的合作团队的专业服务过程产生影响。与此同时，专业服务代理关系也会受到外部环境的影响，社会网络、制度环境和文化环境的差异性都会影响专业服务代理关系的治理。因此，专业服务代理关系应当与环境相适应、相协调，不仅需要从项目内部对其进行控制，而且还应当考虑环境差异对关系治理的影响。

（三）全咨团队与承包人之间的委托代理关系

在全过程工程咨询项目的多层级委托代理关系中，第二层则反映工程项目建设过程中各参与方的委托代理关系。业主作为工程项目管理的核心，承担建设项目总决策者、总集成者、总控制者、总组织者等角色。全过程工程咨询方作为业主的缺位和补位，不仅以业主利益为主，对业主的工作进行延伸和补充，也与业主方共同组成全咨团队。承包方作为建设实践活动的主要执行者，充分利用以往项目管理的成功经验行使权利和义务。业主、全咨团队承包方之间的委托代理关系各不相同。

在这一类委托代理关系中，业主与承包方之间是基于发承包合同的委托代理关系，承包方配合业主和其他参与方，通过合作关系来影响其履约绩效，完成项目施工和交付。由于承包商总是比业主更了解工程的环境和实际情况，双方在工程信息方面存在信息不对称，且业主很难直接观察到承包商的建造行为，在这种情况下不能排除承包商为了追求自身的经济利益，做出有损于业主利益的不良行为，如偷工减料、质量欺骗等机会主义行为。

业主为了消除这些信息不对称所带来的承包人机会主义行为，委托专业的全过程工程咨询团队对承包人进行监督和协调，这就形成了第二类委托代理关系，即全咨团队与承包人之间隐含的委托代理关系。此时业主的利益与全咨团队的行为密切相关。全咨团队在业主授权范围内，以业主与承包商所签署的发承包合同为依据，对承包商进行监督和协调管控，实现业主的利益最大化。

三、全过程工程咨询项目交易的控制层级

由于全过程工程咨询项目组织呈现出多主体、多层级的委托代理关系，难免会面临信息不对称、机会主义以及协调困难等难题，以及组成临时性项目组织的永久性项目企业的内部管控难题，从而制约项目目标的实现，而有效的控制作为保证组织行为和项目目标一致性的重要措施和制度，在项目组织中发挥着重要的作用。

在管理领域，控制通常指管理者通过影响组织中的其他成员来实现组织战略目标的过程。最初，控制被认为是对绩效进行监控和评估的过程。这里暂将控制定义为通过一系列能够保证组织实际行为及运行目标与组织预定的项目目标相一致的措施与策略，来对被控制者的行为进行管控，从而实现项目目标的过程。由于全过程工程咨询项目中的委托代理关系呈现出多层级性，为更清晰地处理不同层级下委托代理关系中存在的各种问题，需要匹配相适合的控制层级。认为全过程工程咨询项目中的控制也可分为两个层级来考虑。

第一层针对全过程工程咨询专业服务代理关系的控制。全过程工程咨询方的介入使得项目组织更加庞大，组织行为复杂多变，全咨团队专业咨询服务的成功开展离不开强有力的控制机制，借助控制机制来保证全咨团队的组织行为与咨询项目目标的一致性。然而，由于业主、全过程工程咨询企业、全咨团队之间的耦合关系，可将全过程工程咨询专业服务委托代理关系的控制分为三类：一类是业主对全过程工程咨询企业的控制，一类是全过程工程咨询企业对全咨团队的控制，另一类是专业人士内部的控制。

第二层针对业主与承包人代理关系形成的机会主义行为的控制。本书将这一层级下的控制分为两类：一类是全咨团队对承包人以发承包合同为依据的控制机制，另一类是针对项目质量、成本、工期的项目目标控制。根据

中国工程咨询协会《工程项目管理导则》，工程项目控制是指通过安全管理、合同管理、信息管理、组织协调等手段，对工程项目的投资、进度、质量进行有效控制。因此，应采取有效的方法对项目目标进行控制。

第二节　全过程工程咨询项目的知识共享

一、基于界面管理的全过程咨询项目知识分享机制

基于界面整合的全过程工程咨询项目知识共享旨在减少"条块分割、分散管理、封闭使用"的现象，是保证界面整合管理机制有效运转的基础与关键。其前提是对全过程工程咨询项目涉及的不同来源、不同层次、不同结构、不同内容的知识资源进行整合、优化，构筑核心知识资源体系。这些知识资源包括业主、全咨各参与方的专业知识技能、项目经验储备、以往项目资料等。其关键是以建设项目战略目标为导向，为提供满足业主需求的定制项目管理与技术解决方案而提升知识共享水平。

全过程工程咨询服务中的知识共享机制，不仅包括先进的技术、开放式交流的系统等硬机制，也包括合理的组织结构、良好的激励机制、广泛认同的组织文化等软机制。知识共享机制的各个组成部分相互作用，互为补充，结合其中各界面间的特点与问题，建立起基于界面整合的完善且合理的知识共享体系结构。

知识共享技术。知识共享系统是知识共享的手段及工具，同时也是知识共享技术的载体。知识共享技术包括知识获取技术、知识表现技术和知识传递技术。由于信息技术和智能系统的发展和应用，知识共享技术已经较为成熟，如知识地图、互联网、E-mail、电子公告板、网络会议和知识库等。

知识共享的组织。组织结构的设计直接影响知识在组织中流动的流畅程度，而项目的组织结构在开展知识共享时有如下几个方面的缺陷：大型项目的生命周期较长，在不同阶段人员流动性较大，当有成员离开时，有价值的知识经验来不及得到积累，导致知识的耗散；成员的标签性，项目团队成员来自不同的组织，出于信任的问题往往带来沟通的障碍，知识信息得不到有效的流动；团队内部的分工使成员形成相互独立的工作区域，过于注重个

体分割的责、权、利，不利于知识的分享，难以产生创新的氛围；层次分明的组织不利于知识信息的流动，也不利于培育知识导向型的组织文化。在项目中推行知识共享，应当根据由上而下的组织界面展开综合考虑进行组织设计，由具有行政权力的高层组织全面负责和指导，设立相应的知识分享职能机构，并任命相应的人具体负责知识共享的实施，建立知识共享的基层组织。

知识共享的激励机制。知识共享激励在联合体成员间或组织内部的知识共享关系是一种基于知识合作的委托代理的关系，但这种委托代理更强调各方的关系水平，而非强制性手段的相互制约，是一种超越合同的以相互信任为基础的合作关系。然而，由于其中技术知识流向和流量的不对称性，会导致知识所有方与需求方之间存在信息不对称的情况。要想使少数隐性知识显性化，为更多的人员所利用、为组织所共享，必须在激励的方式上进行调整，整合有合同关系的组织界面与无合同关系的组织界面的管理方式，并差异化地利用激励方式，以产生长期、积极的效果。激励不仅包括物质方面，还有心理上的满足，如认同感、归属感、满意度等，同时需要考虑成员与原组织的关系，根据成员的复杂需求设计激励机制。

另外，还涉及项目参与方关系氛围的信任问题，包括"知识私有"价值观和心理不安全感两个方面的因素。一方面，全咨项目参与方来自不同的企业，他们会认为知识是一种资源和财富，存在"知识私有"的价值观。另一方面，知识传授者的见解和观点能否被另一方认同，知识接受方是否在心理上产生"排他情绪"，都极大地阻碍着知识共享的顺利进行。通过构建和谐的项目文化和环境，可以打消成员间彼此的顾虑，作为建设项目中的主导和发动者，业主应该起到良好的引导和推动作用，从价值观、项目制度文化来营造适合项目的文化氛围，树立全过程工程咨询各参与方之间的信任。

知识共享的约束机制。机会主义行为、利益分配不均衡和成员误解这三大因素造成项目团队的信任问题。其中，机会主义行为表现是合作方隐瞒和歪曲信息、躲避或不能履行承诺或义务，利用在项目中的合作机会窃取企业的技术和挖走关键人物；利益分配不均衡表现为项目参与各方知识信息的投入与获得利益不均衡；误解是因信息不对称而产生的对他人的不信任。全咨项目参与各方的信任问题，需要通过约束机制进行控制。知识共享的约束机制使得全咨项目参与各方知识共享活动更为有序，而避免受到风险的影响。

二、全过程工程咨询项目知识分享的关键

（一）全过程工程咨询联合体成员跨组织的知识共享关键

在全过程工程咨询项目中，由于自身资源能力的局限性，工程咨询企业在开展全咨服务时通常采取联合体形式，以联合体成员的业务合作需要为基础组建运营团体。联合体成员作为独立的利益主体，通常会以个体自身利益最大化为目标，其行为的出发点是以最少的投入获得最大的利益。当合作有利时，会选择合作行为，为共同的利益和长远的利益着想。但当不合作能带来更多好处时，就会选择不合作，而这一结果将给合作对方带来一定的损失与风险。另外，成员合作进行知识咨询服务的过程能使其获得两种不同的利益：一是共有利益，指由于成员企业对合作过程进行投入，相应地从知识创新总收益中获得的收益；一是私有利益，指成员企业将从知识创新中获得的新知识应用于其他领域所能产生的收益。这也说明全咨联合体合作的博弈过程是一种"非零和博弈"，成员间可以实现双赢。因此，全咨企业成员间交流合作要注重激励双方采取合作的行为，设计积极有效正向的组织间学习机制，在相互友好合作的过程中，维持联合体成员间的关系水平，进而促进成员间的知识分享，提升全咨成员间的整体竞争优势。

（二）全过程工程咨询企业内部的知识共享关键问题

全过程工程咨询企业在接受业主的委托后，将在企业内选择能力相适应的员工组成工作小组开展咨询服务，依靠不同的工作小组合作达到完善服务和管理运营的目的。为了保证这些团队有效，必须构建合适的结构和程序以促使成员共同工作。许多研究已经表明，在团队内部进行信息交换、交流与任务相关的知识是有益的。而由于以往传统碎片化咨询的制度导致全咨企业内部专业分工过于细化，通常具有单一的组织结构，或者单个部门单打独斗地对接项目。企业内部门间并没有形成较好的协作机制，导致各部门间沟通协作活动较少，团队配合默契差，这成为企业开展综合性服务的重要障

碍。因此，全咨企业部门间知识交流合作需要企业制度机制来促进部门间的协调，进而促进部门间的知识合作，提升全咨企业整体的业务集成能力，增加竞争优势。

(三) 全过程工程咨询企业与项目间的知识共享关键

在全过程工程咨询活动中，由于项目的一次性和任务的独特性，随着任务的完成，咨询方项目团队解散，而在项目中开发积累的新技术、新管理经验等知识，也随着项目成员分散流入新的项目。这些在项目中形成的知识在后续项目中是"进入休眠"或是被调用，取决于新项目的知识需求。同时，由于项目缺乏正式机制，无法与其他项目形成集成联动效应，导致知识要素难以在不同项目之间有效共享、复制以及协同整合。一旦企业忽视对项目知识的收集和共享，在后续项目中，咨询团队很有可能重蹈覆辙，产生高昂的学习成本，浪费企业资源。同时，也可能成为企业持续改进现有流程、制度和惯例以及正确制定战略的障碍，影响企业在激烈的市场竞争中生存和发展。因此，作为永久性组织，全过程工程咨询企业应重视项目层面的知识学习，利用正式的组织架构、制度，收集并共享各项目中咨询团队的实践经验和教训，将单个项目的创新优势转移、扩大，获得重复利用知识的经济效益，进而转化为企业的长期竞争力。

结束语

　　建筑工程项目建设需经历较长时间的施工过程，在工程施工的各个环节都需实施工程项目咨询组织管控。如在工程建设施工前，项目咨询组织管理会全面收集并整理相关的数据信息，由此制定出完善的建设施工方案。在建筑工程实际施工中，项目咨询组织管理则会对施工行为进行实时监管，促使建筑施工效果达到预期。在竣工后，项目咨询组织管理则能有效解决工程中各方面的应用问题。因此，建设企业应高度重视全过程咨询组织管理，采取有效措施促使咨询工作高效开展，加强对项目成本、合同等的管控。

参考文献

[1] 张振明，张泓.工程造价咨询实务 [M].厦门：厦门大学出版社，2018.

[2] 中国建设工程造价管理协会.全过程工程咨询典型案例 [M].北京：中国计划出版社，2019.

[3] 王庚，王芳，詹鹏.统计咨询 [M].北京：北京理工大学出版社，2019.

[4] 周红.咨询心理学 [M].南京：南京师范大学出版社，2019.

[5] 樊敏，宋世军.工程监理 [M].成都：西南交通大学出版社，2019.

[6] 赵庆华.工程造价审核与鉴定 [M].南京：东南大学出版社，2019.

[7] 李冬，胡新赞，陶升健.房屋建筑工程全过程工程咨询实践与案例 [M].北京：中国建筑工业出版社，2020.

[8] 宋蕊.工程咨询企业项目管理办公室 (PMO) 理论与实践 [M].北京：中国电力出版社，2020.

[9] 王瑞镛，邬敏，潘敏."新基建"新工程咨询服务导论：模式与案例 [M].北京：中国建筑工业出版社，2020.

[10] 黄小利，何应时.全过程工程咨询实务与 PPP 规范化应用 [M].长沙：中南大学出版社，2020.

[11] 王砾瑶，范业庶.大型会展项目全过程工程咨询服务模式和应用 [M].北京：中国建筑工业出版社，2020.

[12] 刘辉义，李忠新，张文勇.全过程工程咨询操作指南 [M].北京：机械工业出版社，2020.

[13] 张百祥.建设工程全过程工程咨询案例 [M].西安：陕西科学技术出版社，2020.

[14] 蒋卫平，潘多忠.全过程工程咨询20问及经典案例 [M].北京：机

械工业出版社，2020.

[15] 杜亚丽. 社会资本对工程咨询项目绩效的影响：项目间知识转移的中介作用 [M]. 沈阳：东北财经大学出版社，2020.

[16] 刘菲. 2020 注册咨询工程师（投资）职业资格考试教习全书工程项目组织与管理 [M]. 北京：机械工业出版社，2020.

[17] 罗曲云. 2020 注册咨询工程师（投资）职业资格考试教习全书项目决策分析与评价 [M]. 北京：机械工业出版社，2020.

[18] 天津国际工程咨询公司. 全过程工程咨询实务与核心技术 [M]. 北京：中国建筑工业出版社，2020.

[19] 季更新. 全过程工程咨询工作指南 [M]. 北京：中国建筑工业出版社，2020.

[20] 彭冯，陈天伟，柯洪. 全过程工程咨询实践与探索 [M]. 北京：中国建筑工业出版社，2021.

[21] 董永贤. 复杂项目全过程工程咨询理论与实践 [M]. 北京：中国建筑工业出版社，2021.

[22] 柴恩海，黄莉，刘颖作. 全过程工程咨询项目集群管理理论与实践 [M]. 北京：中国建筑工业出版社，2021.

[23] 李秋东. 全过程工程咨询操作指引 [M]. 北京：中国建材工业出版社，2021.

[24] 胡新赞，钱铮，陈飞龙. 全过程工程咨询实践与案例丛书·体育建筑工程全过程工程咨询实践与案例 [M]. 北京：中国建筑工业出版社，2021.

[25] 杨明宇，张江波，卓葵，等. 全过程工程咨询丛书·全过程工程咨询总体策划 [M]. 北京：化学工业出版社，2021.

[26] 张江波，王雁然，潘敏. 全过程工程咨询丛书·全过程工程咨询实施导则 [M]. 北京：化学工业出版社，2021.

[27] 任展. 全过程工程咨询研究与实践·大学综合校区建设项目 [M]. 北京：中国建筑工业出版社，2021.

[28] 严玲，宁延，鲁静. 全过程工程咨询理论与实务 [M]. 北京：机械工业出版社，2021.

[29] 张江波，徐旭东，郭嘉祯 . 全过程工程咨询施工阶段 [M]. 北京：化学工业出版社，2021.

[30] 张江波，李蘅，李金玲，等 . 全过程工程咨询设计阶段 [M]. 北京：化学工业出版社，2021.

[31] 雷开贵，雷冬菁，李永双 . 全过程工程咨询服务实务要览 [M]. 北京：中国建筑工业出版社，2021.

[32] 徐慧，宁延 . 全过程工程咨询策划与实施·咨询企业的实践总结再实践 [M]. 南京：东南大学出版社，2022.

[33] 张晓英，高志伟，杨明芬 . 全过程工程咨询投资管控 [M]. 北京：化学工业出版社，2022.

[34] 吊春燕，杨明芬，王孝云，等 . 全过程工程咨询丛书·全过程工程咨询竣工阶段 [M]. 北京：化学工业出版社，2022.

[35] 胡新赞，周婷，李明，等 . 全过程工程咨询实践与案例丛书学校教育项目全过程工程咨询实践与案例 [M]. 北京：中国建筑工业出版社，2022.